조춘만의 중공업

조춘만의 중공업
조춘만, 이영준 지음

초판 1쇄 발행. 2014년 7월 1일

발행. 워크룸 프레스
편집 및 디자인. 워크룸
인쇄 및 제책. 문성인쇄

워크룸 프레스
출판 등록. 2007년 2월 9일
(제300-2007-31호)
110-034 서울시 종로구
자하문로10길 11, 2층

전화. 02-6013-3246
팩스. 02-725-3248
이메일. workroom@wkrm.kr
www.workroompress.kr
www.workroom.kr

이 도서의 국립중앙도서관 출판시도서목록(CIP)은 서지정보유통 지원시스템 홈페이지(seoji.nl.go.kr)와 국가자료공동목록시스템(www.nl.go.kr/kolisnet)에서 이용하실 수 있습니다. CIP 제어번호: CIP2014012229

ISBN 978-89-94207-38-4 03660
가격: 30,000원

조춘만의 중공업

조춘만 · 이영준

workroom

조선소 · 항만 · 선박

6

조춘만의 산업 사진이
미래에 필요하게 될 이유

이영준

109

석유화학 · 공장

134

조춘만의 58년

조춘만

229

선박 시운전

앞장
LNG선과 유조선

조선소의 안벽에 초대형 유조선과 LNG선이 묶인 채 의장 공사를 받고 있다. 두 배는 같은 집안에서 태어났지만 서로 성격과 팔자가 다른 형제처럼, 다른 생김새와 구조, 기능을 가지고 있다. 사실 유조선과 LNG선은 화물을 싣고 물 위에 떠서 달린다는 점을 제외하면 공통점이 그리 없는 배들이다. 이 사진은 그런 이복형제 같은 두 배의 차이를 형태적으로 잘 보여준다. 극도로 공기가 청명하여 시정이 아주 좋은 날 망원렌즈로 찍었기 때문에 배들의 모든 디테일은 선명하게 살아 있으며, 부피감도 팽팽하게 묘사돼 있다. 유조선의 핵심은 뚱뚱한 부피에 있다. 원유를 가능한 많이 싣고 달려야 하기 때문이다. 이런 유조선을 VLCC(Very Large Crude Oil Carrier)라고 한다. 왼쪽에 묶여 있는 LNG선은 상대적으로 홀쭉하다. 유조선은 종횡비가 작은, 형태가 통통한 배다. 속도보다는 용량이 중요하기 때문이다. 물론 유조선에도 복잡한 메커니즘이 있지만, 그 핵심은 한마디로 쉽게 요약할 수 있는 것이다. 원유를 저장하는 탱크에 그것을 실어 나르는 파이프라인만 있으면 된다. 그에 비하면 LNG선은 좀 복잡하다. 액화천연가스를 수송하는데, 영하 162도의 가스는 매우 수송이 어려워서 배를 만드는 데 많은 첨단 기술이 필요하다. LNG선의 구조와 만드는 과정은 이미 많은 다큐멘터리를 통해 어느 정도 알려져 있는데, 핵심 기술은 극저온의 LNG를 안전하게 운반하는 것이다. 금속은 극저온에 노출되면 강도가 약해져서 파괴될 수 있기 때문에 살벌한 냉기가 탱크를 이루는 금속 면까지 닿지 않게 하는 것이 중요하다. 하지만 그 모든 것들은 영원한 비밀로 감추겠다는 듯, LNG선의 외부는 두꺼운 철판으로 덮여 있을 뿐이다.

해상 도크

조선소에 두 척의 배들이 완성을 기다리며 묶여 있다. 한 척은 외관상 거의 완성된 상태로 바다에 묶여 있고 또 한 척은 아직 수퍼스트럭처(superstructure, 배 위의 흰색 건물 같은 구조물. 사람이 거주하고 배를 다뤄나가는 시설들이 모여 있다)를 설치하지 않은 채 해상 도크에 들어가 있다. 배의 모습 치고는 대단히 어색한 이미지이다. 사람이나 사물이나 신체 각 부분이 온전히 붙어 있을 때 그것이 제대로 된 존재로 보인다. 예를 들어 팔이나 눈, 귀 등 신체의 특정 부위가 없다고 사회적으로 차별하면 안 되지만 뭔가 온전한 신체를 볼 때의 조화와 통일감이 안 드는 것은 사실이다. 이 배도 마찬가지다. 왼쪽에 있는 탱커는 온전한 모습을 하고 있는 데 반해 오른쪽의 컨테이너선은 덱 하우스(배의 거주 공간)가 없기 때문에 반쪽의 존재처럼 보인다. 그런데 이것은 공사 중에 있는, 혹은 생성 중에 있는 모든 사물에 공통적으로 나타나는 현상이다. 즉 언젠가는 곧 덱 하우스가 설치되고 완성되어 바다로 나갈 배가 성장해가는 과정 중의 한 순간인 것이다. 아기가 걸음마를 시작한다든가 식물이 싹을 틔운다든가 하는, 생물체가 성장해나가는 모습은 자연스럽고 아름답지만 중공업의 물체가 성장해가는 모습은 좀 기괴한 편이다. 머리가 없는 괴물 같은 모습이라고 할까. 갑판이 횡한 모습이 마치 불구처럼 보인다. 컨테이너를 실을 때 지지 역할을 해주는 셀 가드들은 다 설치돼 있지만 그래도 횡한 모습은 감출 수 없다. 배의 머리 역할을 하는 수퍼스트럭처가 없기 때문이다. 하지만 그것이 생성 중의 사물이 보여주는 생산적인 어색함이다. 지금은 횡하지만 노동자들의 노력으로 곧 수퍼스트럭처가 얹힐 것이다. 그러면 마치 의관을 정제한 양반처럼 제 모습을 갖추고 당당하게 바다로 나아가게 된다. 덱 하우스는 대개 인근에 있는 협력 업체에서 만들어 오는데, 1000톤이 넘는 무게 때문에 해상 도크에 바로 탑재할 수는 없다. 아마 3000톤쯤 들 수 있는 해상 크레인을 이용해서 바다로 날라와서 설치할 것으로 보인다.

중공업의 생산 현장을 본다는 것 자체가 매우 드문 일이지만 이렇게 생성 중의 중공업 사물을 본다는 것도 드문 일이다. 우리가 일상에서 대하는 모든 사물들은 완성된 것들이다. DIY 조립품 빼고는 어떤 물건도 미완성인 상태로는 팔지 않으니 말이다. 그래서 우리는 제품이 생성되는 과정은커녕 제품의 속도 들여다볼 수 없다. 옛날의 제품은 나사가 박혀 있어서 그걸 풀면 속을 들여다보고 어느 정도는 개조나 수리도 할 수 있었지만 요즘 제품들은 소비자가 뜯어보는 것이 불가능하며, 또 임의로 뜯어보면 나중에 보장 수리가 안 되는 경우도 많다. 그래서 우리는 사물이 생성해나가는 귀중한 순간을 볼 수 없다. 중공업의 현장은 생경할지는 몰라도 그런 순간을 다 드러내 보여준다. 조춘만은 마치 고래가 새끼를 낳는 장면을 몰래 들여다보듯이, 거대한 배가 완성을 기다리며 해상 도크에 노출돼 있는 순간을 사진으로 잡아냈다.

선박 시운전

선박 시운전

시추선 블록

골리앗

골리앗

소조립 공장

배를 만드는 첫째 과정은 작게 자른 철판들을 용접해서 이어붙이는 소조립이다(물론 그 전에 원재료인 철판을 물로 씻고 방청 코팅하는 과정이 있기는 하다). 소조립된 철판들은 대조립으로 옮겨져서 더 큰 블록을 이루게 된다. 이 사진의 현장은 작은 철판들을 용접하는 소조립 공장이다. 이런 작업의 기본 구조는 어릴 적 종이를 잘라서 풀로 붙여 상자나 집을 만드는 것과 똑같다. 다만 조선소에서는 종이 대신 철판을, 풀 대신 용접을, 그리고 그 결과는 한 척에 수천억 원 하는 선박이라는 점이 다를 뿐이다. 선박이란 기본적으로 박스 구조이지만 소조립에서 보는 것들은 아직 입체는 아니다. 주로 면들이다. 이 사진은 면들의 향연을 보여주고 있다. 면이라는 점에서는 종이와 흡사하지만 철판 특유의 색깔과 질감, 그리고 눈에는 보이지 않는 무게감이 이 장면에 특성을 부여하고 있다. 이 각각의 작은 블록들이 무엇인지는 용접하는 작업자도 모른다. 그는 디테일만을 다룰 뿐이다. 그래서 이 장면은 대단히 추상적이다. 사실 아직 배라고 하기에도 좀 이른 어떤 형태들일 뿐이다. 작은 선체 블록들이 무엇인지 모른다고 이 사진을 모른다고 할 수 있을까? 숲 사진을 보는 데 나무 한 그루 한 그루의 이름을 모른다고 해서 숲의 아름다움을 못 느끼는 것은 아니다. 숲은 전체로서 아름답기 때문이다. 이 사진도 마찬가지다. 우리는 여기서 철판들이 이루는 면의 아름다움을 본다. 그것은 이어지기도 하고 끊어지기도 하는 조형적 리듬을 가지고 있다. 그 리듬들이 너무 단속적이어서 사실 보기에 편안한 것은 아니지만 산업적 물체들의 리듬은 어차피 인체의 자연스러운 리듬과는 다른 것이다. 이 사진의 묘미는 낯선 리듬을 보고 즐기는 데 있다.

대조립 공장

야드 블록 야적장

선박 건조

조선소

중공업 사진가는 이런 장면을 보면 미친 듯이 빨려들고 만다. 규모의 거대함, 구조의 복잡함, 메커니즘에 대한 호기심, 그리고 총체적으로는 우리가 일상의 도시에서 보는 것과는 차원이 완전히 다른 어떤 존재인 이 설비의 마술적 흡인력이 사진가를 빨아들여서 꼼짝 못 하게 만든다. 그에게 사진 찍기는 기록이 아니라 이런 독특하고 기이한 사물이 가진 마력에 포획된 흔적일 뿐이다. 사진가는 마약에 취하듯 이 광경에 빠져들고 만다. 이게 무엇을 하는 설비인가 하는 것은 나중에 알아볼 일이다. 그런데 중공업의 사진가에는 두 종류가 있다. 한 종류는 조춘만 같은 이다. 누가 시키지도 않았는데, 더군다나 접근도 사진 촬영도 금지돼 있는데 불에 달려들어 자기 몸을 태우는 불나방처럼 중공업의 스펙터클을 좇는 사진가다. 또 다른 부류의 중공업 사진가는 일삼아 중공업의 현장을 찍는 사람이다. 그는 회사의 수주를 받아 기업 연감 등에 사진을 싣기 위해 찍는데 대개는 상업 사진가들이 한다. 그들은 원래 제품이나 모델을 찍던 사람들이기 때문에 특별히 중공업의 광경에 대한 애호도 없으며, 사진만 찍으면 휙 떠나가버린다. 그들에게 중공업의 광경은 수많은 일거리 중의 하나일 뿐이다. 그들의 사진에는 열정이 없다. 그러므로 여기서는 논외다. 조춘만은 그림을 위해 금강산으로 들어간 화가 최북을 닮았다.

이 사진은 얼핏 보기에 극도의 혼란으로 보인다. 도대체 뭐가 뭔지 알 수 없는 복잡한 설비들이 압축된 원근감 때문에 서로 겹쳐 있다. 정신을 차리고 자세히 보면 왼쪽의 회색 통들은 반잠수식 시추선의 다리임을 알 수 있다. 그리고 가운데 있는 극도로 복잡한 설비는 FPSO나 해양 설비의 구조물임을 알 수 있다. 오른쪽에 일부만 살짝 나온 것은 수직으로 뻗은 셀 가드로 봐서 컨테이너선의 일부이다. 즉 세 가지 전혀 팔자가 다른 구조물들이 한 화면에 나와 있는 것이다. 그런 존재들의 각축은 사진 속에 고스란히 살아 있다. 사진은 그것들이 부딪히는 충격에 대한 반응이다.

선체 블록 조립 공장

조선소의 스펙터클은 대개 소블록 조립 공장에서 선체를 완성해서 의장 공사를 하는 안벽에 이르기까지 몇 단계로 나뉘어져 있는데, 일견 대단히 복잡해 보인다. 중공업을 아예 모르는 눈에는 저 노란 구조물은 무엇인지, 뾰죽한 회색 물건들은 무엇인지, 도무지 알 수가 없다. 그러나 관심을 가지고 차근차근 보고, 배를 짓는 과정에 대해 알아나가면 각각의 요소들과 구조들이 무엇인지 알게 된다. 그리고 그에 따라 시각적 흥미도 생겨나간다. 조선소의 모습은 시각적으로는 대단히 복잡해 보이지만 기본적인 뼈대는 단순한 편이다.

배라는 것은 하나의 큰 그릇이다. 그래서 배를 영어로 베슬(vessel)이라고 하는 것이다. 어떤 물건이 물에 뜨려면 아르키메데스의 원리에 따라 같은 부피의 물보다 가벼우면 된다. 그러면 그것이 돌이든 쇠든 물에 뜨게 돼 있다. 결국 배를 만든다는 것은 어떤 부피의 쇠가 물보다 가벼울 수 있도록 그릇 모양을 만들고 물이 새지 않도록 하고 안에 엔진과 조종 계통, 각종 의장을 해주는 일이다. 물론 그 디테일로 가면 한없이 복잡한 일이지만 이 모든 일들은 배라는 거대한 그릇을 만들기 위한 세부적인 작업이라 할 수 있다. 다만 배라는 그릇은 우리가 물 담을 때 쓰는 그릇보다 모양이 복잡하기 때문에 공정도 복잡해진다. 요즘의 선박들은 컴퓨터로 계산해서 만들어낸 미묘한 곡선과 곡면들로 돼 있지만 기본적으로 추구하는 것은 단순한 편이다. 즉 짐 많이 싣고 가능한 빨리, 안전하게, 경제적으로 목적지에 가도록 돼 있다. 더욱 단순하게 말하면 배라는 것은 A 지점에서 B 지점까지 안전하게 빨리 가기 위한 수단이다.

그러나 현실적인 조건이 배를 복잡하게 만든다. 짐은 몇 만 톤의 스케일에 이를 정도로 아주 많이 실어야 하고, 엔진은 경제적으로 연료를 소모하며 최적의 조건으로 작동해줘야 하고, 바다는 온갖 다양한 모양으로 횡포를 부리는데 그걸 다 견뎌야 한다. 이를 위해 선체의 구조는 단단해야 하고 원유를 싣는지, 석탄이나 철광석, 곡물 등 원료가 되는 산적 화물(벌크)을 싣는지, 컨테이너를 싣는지, 혹은 군용인지에 따라 배의 모양이 달라지고 견뎌야 하는 조건도 달라진다. 결국 조선소에서 보는 복잡한 형상들은 배가 온갖 복잡한 조건들을 견뎌야 하는 물건이기 때문에 그렇다. 자동차나 배나 금속으로 된 교통수단이라는 점에서는 같지만 배는 바다라는 대단히 가혹한 조건에서

사용되므로 자동차에는 없는 구조들을 가지고 있다. 두 장의 큰 철판을 맞대었을 뿐 아니라 여러 장의 빗살 같은 철판을 덧댄 이유가 강도 때문이다.

망원렌즈를 써서 원근감이 압축된 조선소의 풍경은 더 복잡해 보인다. 만일 광각렌즈를 써서 찍었으면 훨씬 다른 모습이 됐을 것이다. 광각렌즈를 쓰면 가까이 있는 것은 커 보이고 멀리 있는 것은 작아 보여서 물체의 원근에 따라 위계가 형성된다. 조춘만은 그런 방법을 쓰지 않았다. 그는 망원렌즈를 써서 물체들 사이의 원근감 차이를 없애버렸다. 그 결과로 조선소는 더 중요한 것도 덜 중요한 것도 없는, 모든 부품들이 다 중요한 역할을 하는 터전으로 표상됐다. 조선소에서 시각적 효과를 노리고 그렇게 한 것은 아니지만 군데군데 있는 노란색 크레인들은 온통 회색으로만 돼 있는 풍경에 적당한 액센트를 준다. 그 덕에 중공업의 풍경이 좀 가벼워졌는데 현실적으로는 크레인을 노란색으로 칠한다고 해서 일이 쉬워지거나 덜 위험해지는 것은 아니다. 그럼에도 크레인을 노랗게 칠한 것은 관행이기도 하지만(아파트 공사장의 타워 크레인도 노란색이 압도적으로 많다) 왠지 조춘만의 사진을 위해 적절한 색깔 배치를 해준 것 같다.

선박 건조

시추선 상부 제작

선박 건조

49

선박 시운전

에피몰라 시추선

FPSO

FPSO를 처음 보면 무슨 물건인지 알아보기 힘들다. 선체가 있긴 한데 우리가 알고 있는 배와는 다르게 생겼다. 사실 배인지조차 알 수 없는 형상이다. FPSO(Floating Production Storage and Offloading)는 항해를 목적으로 하기보다는 바다에 떠 있으면서 원유를 공급받아 자체적으로 정유해서 유류 제품을 생산하고 저장하는 시설이기 때문이다. 따라서 FPSO의 선체는 항해를 위해 유선형으로 생기기보다는 갑판에 많은 설비를 실을 수 있도록 박스 모양으로 설계돼 있다. 갑판에 탑재된 설비는 선박의 그것이라기보다는 정유 공장의 모습을 하고 있다. 그것만 보면 도저히 배라고 인지할 수 없는 생김새다. 유조선이나 LNG선에도 갑판에 파이프라인은 있지만 이 정도는 아니다. 그리고 유조선과 FPSO는 근본적으로 목적이 다른 기계다. 유조선은 원유를 나르는 역할만, FPSO는 원유를 정제해서 석유 제품을 만드는 역할을 한다. FPSO의 수많은 파이프라인은 전문가가 아니라면 무슨 역할을 하는 것인지 알 수가 없다. 안벽에서 선체 가까이 설치된 노란색 철 구조물은 공사하는 동안에만 설치되는 엘리베이터. 대개 기계의 스펙터클을 좇는 경우 기계의 매끈한 아름다움이나 복잡한 구조미를 추구하게 되는데, FPSO는 배라고 하기에는 너무 둔중한 선체에 갑판에 실려 있는 엄청난 시설로 인해 어떤 종류의 기계미라고 단정하기 어렵다. 그리고 유조선이나 컨테이너선은 다큐멘터리나 영화로 어느 정도 우리에게 친숙한 기계의 표상을 가지고 있지만 FPSO는 전혀 우리에게 알려져 있지 않다. 따라서 FPSO를 사진 찍고 본다는 것은 아주 막막한 일이다. 그것은 흡사 사람을 사진 찍었는데 여자인지 남자인지 알 수 없는 데서 오는 막막함과 비슷하다.

따라서 이 사진은 의미가 완결된 작품은 아니다. 일단 찍어놓고 저게 도대체 무엇인지 알아나가는 과정의 시작점이다. 조춘만은 왜 그런 앎을 추구하는 걸까? 그것은 중공업이라는 멀지만 신기한 세계에 대한 호기심이라 할 수 있을 것이다. 중공업은 먼 정도가 아니라 접근이 금지된 세계이다. 이런 현장에서 일하는 사람들 중 이런 사진을 찍어서 작품으로 삼는 사람은 없다. 매일같이 접근하는 그 세계에는 신기함이란 없다. 이 사진에는 이런 세계를 알고자 하는 조춘만의 호기심과 탐구심이 서려 있다. 무엇보다도, 그는 이런 기괴한 세계를 아름답다고 생각한다. 그것은 육중한 기계미라는 새로운 영역의 아름다움이다. 어떤 위치에 있는 사람이냐에 따라 이 아름다움에 대해 다르게 접근할 수 있다. 이 FPSO를 설계하고 만들고 운용하는 사람들, 즉 저 복잡한 파이프라인이 무슨 역할을 하는 것이고 각각의 파이프들의 스펙은 무엇인지 아는 사람들에게 이 사진은 자신이 몸담아 일했던 현장의 친숙한 모습으로 다가온다. 그들은 반가움의 감정을 가지고 이 사진을 볼 것이다. 그 반대의 사람들, 즉 이 FPSO와 상관없는 사람들에게 이 사진은 도무지 무엇인지 알 수 없는 미지의 세계일 뿐이다. 그래서 더 흥미롭지 않은가? 도대체 뭔지는 알 수 없지만 우리들 삶과 어쨌든 연관된 세계의 모습이라는 것이.

해상 정유 설비

크레인의 미

이 사진의 핵심은 뭐니 뭐니 해도 지상에서 차량에 실려 있는 것 중에는 가장 큰 것으로 보이는 초대형 크레인들이 만들어내는 선들의 조형성이다. 물론 그 크레인들은 오직 자신을 위해서 존재하는 것이 아니라 뭔가를 들기 위해서 있는 것이다. 이 크레인들의 본질은 FPSO의 일부로 보이는 대형 블록을 옮기는 것이다. 그러나 사진 전면을 크레인의 검은 프레임들이 마구 가로지르고 있기 때문에 다른 모든 요소들은 그에 압도되고 있다. 즉 무거운 물건을 들어 올리고 있다는 사실보다는 공간을 가르며 검은 줄들을 긋고 있는 크레인의 존재가 이 사진의 주인공이다. 그리고 그것들이 만들어내는 조형미가 이 사진의 핵심 내용이다. 그러면 누군가는 그런 질문을 할 수 있다. 이런 조형성을 내기 위해 꼭 초대형 크레인이 필요한가 하고. 미니어처로도 이런 느낌을 낼 수 있지 않느냐고 말이다. 이 사진에는 미니어처로는 낼 수 없는 막대한 작업의 긴장감이 서려 있다. 크레인의 검은 선들은 엄청난 무게를 버티는 구조를 하고 있으며, 프레임에 달린 와이어들은 팽팽한 긴장감 속에 물건의 하중을 버티고 있다. 당장 눈에 보이지 않는 그런 힘들이 이 사진의 핵심이다. 그런 힘들이 걸려 있기 때문에 크레인의 프레임과 와이어 케이블들은 보통의 물건으로 보이지 않는다. 아래쪽에 보이는 노란색의 타워 크레인은 아파트 공사장에서 흔히 보는 것이기에 그리 특별한 존재로 보이지 않는다. 그것은 이 사진의 주인공들인 검은색의 초대형 크레인의 규모와 힘, 위대함을 상대적으로 강조하기 위한 조연 역할을 할 뿐이다.

그런데 조형성이라고 하면 흔히 형식적인 면만 생각하기 쉽다. 그러나 이 크레인의 조형성은 엄청난 무게를 버틴다는 바로 그 사실에서 오는 것이다. 프레임의 구조는 오로지 무게를 버티기 위해 있는 것이지 다른 용도나 목적은 없다. 그것은 대단히 목적 지향적인 데서 오는 조형성이다. 그리고 형식과 내용은 완벽하게 일치한다. 이 프레임이 다른 형태로 돼 있다면 무게를 버틸 수 없기 때문이다. 수직으로 뻗은 선들과, 그것을 이리저리 사선으로 가로지르는 짧은 선들, 그리고 길이가 서로 다른 프레임들은 중량을 들기 위한 형태의 오케스트레이션을 이루고 있다. 그런데 그런 조형성을 사진으로 찍는 것은 무슨 의미가 있을까? 감히 그렇게 말할 수 있다. 이 초대형 크레인의 조형미를 최초로 발견한 것은 바로 사진가 조춘만이라고. 이 크레인을 설계한 사람은 오로지 기능만, 현장에서 운용하는 사람도 기능과 안전만 생각한다. 이것을 조형적 대상으로 볼 안목이나 여유도 없을뿐더러, 그들에게 카메라를 주고 사진을 찍으라고 해도 이런 위치에서 이런 빛에서 이런 앵글로 이런 구도로 찍지 못한다. 반면, 조춘만의 이 사진은 초대형 크레인을 다른 세계로 옮겨놓는다. 그것은 조형적 비례와 조화라는 완전히 다른 질서의 세계이다. 초대형 크레인은 조춘만의 사진을 통해 새롭게 태어났다고 말해도 과언이 아니다.

해상 정유 설비

에피몰라 시추선

해상 정유 설비 제작

해상 정유 설비 질소 가스 주입기

해상 정유 설비

시추선

Q204 해상 정유 시추선

시추선

Q204 해상 정유 시추선

해상 정유 설비

선박 건조

석유시추선

석유시추선의 모습인데 사실 시추선같이 안 보인다. 그냥 철판으로 된 구조물일 뿐이다. 그 형상도 대단히 단순한데 그나마 뭔가 올록볼록 튀어나온 부분이 있어서 변화를 줄 뿐이다. 주요 시추 장비들은 높이 솟은 저 건물 안에 있어서 안 보일뿐더러, 시추 작업 자체도 우리들 사진의 관객에게는 남의 나라 얘기일 뿐이다. 우리가 보는 것은 시추 작업을 위해 장비들을 시추 현장까지 운반하는 선체(혹은 바지[barge]라고 해야 더 정확할 것 같다)와 무언가를 은폐하고 있는 듯이 보이는 구조물뿐이다. 탑 형태의 구조물에 나 있는 몇 개의 다른 크기와 비례의 문들, 작은 테라스, 맨 위의 아주 작은 창 같은 것만이 구조물에 변화를 줄 뿐이다. 그래서 이 구조물을 그냥 탑이라고 부르기로 하자. 에펠탑이나 도쿄타워 같은 탑 말이다. 우리는 관광객이 되어 탑의 본질이나 기능은 모르는 채 탑을 올라가고 탑에서 보이는 경관을 즐긴다. 탑은 라디오와 텔레비전 전파를 중계하고 여러 가지 통신과 기상관측 등의 용도로 쓰이지만 그것은 구경꾼에게는 남의 나라 얘기다. 그래도 우리는 탑을 즐긴다. 그 높이를 즐기고 생김새를 즐기고 거기서 보이는 경관을 즐긴다. 혹은 그 안에서 음식을 즐기기도 한다. 시인 모파상은 항상 에펠탑에 있는 식당에서 식사를 했다고 하는데, 그 이유는 파리 시내에서 그곳이 유일하게 에펠탑이 안 보이는 곳이기 때문이었다는 것이다. 우리는 관람객이 되어 석유시추선의 탑을 즐긴다. 그 안에서 일하는 노동자들에게 이 탑은 고난의 현장이겠지만 그분들이 퍼 올린 석유를 이용만 하는 우리 사용자들은 구경꾼이 되어 이 탑을 즐긴다. 그 크기와 형태 등이 충분히 즐길 만하다. 무거운 것을 가볍게 만들어 즐기는 것, 그것이 사진의 존재 이유다.

시추선 상부

CMA CGM 마르그리트

자동차 야적장

조춘만의 산업 사진이 미래에 필요하게 될 이유

이영준, 기계비평가

사람들에게 공장 사진을 보여주면 첫 반응은 그렇게 따뜻하지 않을 것이다. 대체로 삭막하다, 무섭다 등에서부터 노동 착취, 인간소외 등의 반응들이 있을 것이고 거꾸로 국가 발전이나 근대화의 승리를 떠올리는 사람도 있을 것이다. 공장에 대한 이 모든 반응들은 공장의 본질과 상관이 없는 것이다. 사람들은 공장에서 일어나는 생산을 볼 수 없고, 공장은 생산을 보여주지 않기 때문이다. 생산은 항상 두터운 외피에 싸여 있고 외피에는 항상 '접근 금지' 혹은 '관계자 외 출입 금지'라는 무서운 말만 쓰여 있다. 그리고 공장의 외관은 우리가 아름답다거나 친숙하다고 느끼는 건축물의 설비와는 완전히 다르다. 우리가 길거리나 주거지에서 보는 건축물들은 최소한 '저곳에 들어가 살 수 있겠다' 혹은 '저 사무실에 들어가 일을 할 수 있겠다'는 생각이 드는 구조와 외관을 가지고 있다. 즉 사람을 수용할 수 있도록 돼 있다. 건물의 입구는 사람을 환영하는 분위기로 돼 있고 건물 자체는 철근 콘크리트로 돼 있어도 겉에는 장식재를 붙이거나 페인트칠을 해서 푸근한 마음으로 다가갈 수 있게 해준다. 그리고 설사 삭막한 30층짜리 고층 아파트라고 해도 최소한 이곳이 주거지임을 표시하는 기표들은 가지고 있다. 그리고 우리들의 일상에 있는 건축물이나 설비들은 재료를 그대로 노출시키지 않는다. 설사 노출 콘크리트라고 해도 잘 압축돼 있고 표면 처리가 돼 있지, 그냥 콘크리트를 노출시켜놓은 것은 아니다. 즉 그것은 '노출 콘크리트'라는 양식으로 꾸며진(articulated) 상태로 있는 것이지 아무 생각 없이 노출된 것은 아니다. 그것은 그림 속에 옷을 입지 않은 채로 묘사된 상태인 '누드'와 그냥 벌거벗은 상태인 '네이키드'의 차이라고 할 수 있겠다. 주거용이나 사무용 건물에 비하면 공장 건물은 거의 꾸며져 있지 않다. 전자가 뼈와 장기 위에 피부가 씌워져서 보기 편한 상태라면 후자는 작동하는 장기를 훤히 드러내 보여주는 구조다. 이런 식의 구조에는 보는 이에 대한 배려가 없다. 배려가 없을 뿐 아니라 밖에서 들여다보는 것을 별로 달가워하지 않는 것이 공장이다. 따라서 공장이란 시각에 대해 친화적인 곳은 아니다.

그런데 그 삭막한 공장을 아름답게 본다면 도대체 어떻게 된 걸까? 나아가 공장을 아름답게 사진 찍어서 작품으로 만든다면? 그것은 저녁놀이나 꽃을 아름답게 사진 찍는 것과 얼마나 다른 일일까? 그것은 단순히 공장을 보는 관점이나 태도를 바꾸는 문제는 아니다. 평생을 고기를 먹어온 사람에게 채식이 좋다고 아무리 설명해줘도 갑자기 채식주의자가 될 수 없듯이, 삭막하고 무서운 공장을 아름답다고 보게 되려면 관점의 전환 이상의 것이 필요하다. 그것은 전혀 다른 보기를 요구한다. 즉 돌을 돌로 보지 않고 꽃을 꽃으로 보지 않는 태도를 요구한다. 전혀 다른 보기는 개인의 눈에만 한정된 문제가 아니라 관점의 역사적 전환이라고도 할 수 있다. 한국에 근대화가 시작되고 반세기나 지나서야 비로소 근대화의 산물들을 심미적인 관점으로 보게 됐다는 것은 조용한 혁명이다. 많은 사람들이 일으키고 있는 혁명이 아니라 단 한 사람만이 일으키고 있는 혁명이기 때문이다. 그리고 그는 아직 혁명을 세상에 공표하지 않고 있다.

산업을 바라보는 관점에 혁명을 일으킨 사람은 울산의 사진가 조춘만이다. 울산에 살면서 울산과 다른 공업 도시의 산업 경관을 끈질기고 철저하게 기록해온 조춘만의 작업을 제대로 보려면 많은 것이 설명돼야 한다. 도대체 왜 그는 공장 등 산업 시설을 찍기 위해 고군분투하는지, 왜 강철과 콘크리트로 된 산업 경관을 아름답다고 보는지, 사진을 어떻게 다루어 그 아름다움을 포착하는지, 혹은 꾸며내는지 알려면 우리는 사진의 역사 전체와 산업의 역사, 한국에서 산업이 표상해온 역사 등 여러 겹의 역사를 알아야 한다. 조춘만이라는 개인은 그만큼 많은 것을 응축하고 있다. 사실 그는 그런 모든 역사를 생각하면서 작업하지 않는다. 그는 자신이 찍고 싶은 산업 경관을 좇아서 충동적으로 작업한다. 하지만 그 충동은 역사적인 것이다. 다만 이제 처음 나타나는 것이다. 여러분은 역사의 작은 시작을 보고 있는 것이다. 한국에서 그 역사가 단절의 역사라 할지라도 말이다. 조춘만의 사진에 얽혀 있는 몇 겹의 역사를 들춰내보면 그의 사진적 충동이 어떤 것인지 이해할 수 있을 것이다.

울산 공장 경관의 역사

작은 어촌이었던 울산이 괴물이 되기 시작한 것은 1962년부터였다. 5·16 쿠데타 직후 제1차 경제개발 5개년계획의 일환으로 1962년 1월 경상남도 울산군은 특정공업지구로 지정됐다. 6월 1일에는 이 지역이 울산시로 승격하면서 이때부터 괴물 같은 공장들이 들어서기 시작한다. 정유, 비료, 화학, 섬유 등의 공장이 들어서기 시작했지만 당시 그것을 괴물로 알아본 사람은 아무도 없었다. 그저 갓 부화한 병아리 정도였다. 당시의 공장들은 규모가 크지 않았을 뿐 아니라 울산 군민들은 공업이 뭔지, 산업이 뭔지 제대로 인식할 수 없었다. 당시 울산의 어느 초등학교 교가 가사 일부가 "강산도 아름다운 우리 고장은 공장 연기 치솟는 공업의 도시"였다고 하니 아직은 산업을 괴물로 인식하지 않았던 것 같다. 울산이 본격적으로 괴물 같은 도시가 된 것은 1970년이었다. 모래사장밖에 없던 미포만에 현대중공업의 조선소가 들어서는데, 당시 한창 뉴스가 된 괴물 같은 골리앗 크레인이 그 중심에 서게 된다. 한 번에 600톤까지 들어 올릴 수 있는 괴물 같은 능력에, 크레인 표면에 'HYUNDAI'라는 글자를 쓰는 데 한 자당 페인트 값만 수십만 원이 든다고 해서 그 괴물성이 더 유명해진 크레인이다. 하지만 당시의 골리앗 크레인은 외로운 괴물이었다. 물어뜯고 내던지고 하며 괴물성을 발휘할 상대가 거의 없었다. 모래밭 한가운데 우뚝 서 있는 골리앗 크레인은 쓸쓸해 보이기까지 했다. 그러나 1974년 현대중공업이 '애틀란틱 배런'이라고 명명된, 길이 355미터, 폭 51미터, 26만 6000톤 급의 괴물 같은 배를 만들어내면서 울산은 본격적으로 공업 도시로 인식되게 된다. 그러면서 울산은 비전문가나 국외자의 눈에는 파악이 안 될 정도로 규모가 크고 복잡하고 난해한 괴물의 모습을 띤다. 1997년 광역시로 승격한 울산에는 자동차, 조선 해양, 석유화학 공장들이 정글처럼 들어서 있다. 이제 괴물은 너무 커져버려 누구도 길들일 수 없게 됐다. 유일한 방법은 간접적이고 소프트한 것이다. 그게 무엇인지는 아래에 천천히 쓰기로 하자.

조선 해양, 자동차, 석유화학의 세 개 분야로 특화된 지금의 울산 공업지역은 완전히 탈인간화된, 철저하게 괴물 같은 모습이다. 온통 강철로 된 조선소와 석유화학 공장의 구조물들이 땅과 하늘을 뒤덮고 있으며, 그 안에서 무슨 일이 벌어지는지는 아무도 모른다. 아마 그 안에서 일하는 사람조차도 자기 회사의 전체를 알지는 못할 것이다.

산업이라는 괴물들은 누구에게도 말을 걸지 않고 무뚝뚝하게 서 있을 뿐이다. 그 괴물들은 괴물 같은 소리를 내고 괴물 같은 냄새를 풍기기도 한다. 아무도 그 괴물들에게 말을 걸지 못한다. 저 괴물들이 분명히 우리 생활에 도움이 되고 국가 발전의 원동력이 된다는데 그것을 바라보는 시민들의 눈에는 도대체 뭐가 뭔지 알 수 없으니, 자기가 딛고 선 존재의 근본이 뭔지 몰라서 멀뚱히 있는 당혹스런 상태이다. 도대체 저 시커멓고 높은 굴뚝은 뭐하는 것인지, 구불구불 얽힌 번쩍이는 파이프들은 뭐하는 것인지, 지상의 건물보다 훨씬 큰 선박의 몸체들은 어디에 쓰는 것인지 알 수가 없으니 저것들을 많이 만들어야 우리가 잘살게 된다는 얘기는 도무지 실감 나지 않고 오로지 당혹의 냄새만이 괴물에게서 풍길 뿐이다. 아마 그래서 울산 시민들은 매일 보는 산업 풍경에 대해 무감해졌는지도 모른다.

괴물을 어떻게 해야 할까? 쳐부수든지 어떤 식으로든 다뤄야 한다. 창 하나 들고 풍차가 괴물이라며 달려든 돈키호테처럼, 사진가 조춘만은 카메라 하나 들고 괴물에 맞선다. 아니, 살살 접근하기 시작한다. 괴물의 정체는 '알 수 없다'는 것이다. 미지의 정체성이 괴물의 정체성이다. 그런데 인간은 미지의 정체성을 계속 상대하고 있을 수 없다. 그래서 괴물에 표상을 부여해야 한다. 하다못해 '괴물'이라는 딱지라도 붙여야 한다. 그러면 위험하다느니, 이질적이라느니, 없애버려야 한다느니 하는 처방들이 나오고, 이어서 다뤄나갈 수 있는 어떤 것으로 바뀌기 때문이다. 조춘만은 괴물 같은 울산의 경관을 사진으로 찍어서 다룰 수 있는 어떤 것으로 바꾼다. 즉 하나의 표상으로 만들어버린다. 그러면 괴물을 이리저리 뜯어보고 분석해서 어떻게 접근해야 할지 힌트가 나오기 시작하고, 심지어는 괴물이 아름다워 보이기까지 한다. 그게 조춘만의, 산업이라는 괴물을 다루는 방식이다.

1956년 경상북도 달성군에서 출생한 조춘만은 어릴 적부터 농사일에 잔뼈가 굵었다. 그러던 그가 고향을 버리고 현대중공업이 본격적으로 대형 선박을 짓기 시작한 1974년에 공업 도시 울산으로 왔다는 것은 의미심장한 일이다. 조춘만이 농사를 버리고 공업을 택한 것은 한국이 농업 국가에서 공업국가로 탈바꿈한 과정의 축소판이다. 중공업, 발전소, 제철소, 정유 공장, 석유화학 공장 등에서 일하면서 그는 파이프라인과 볼 탱크, 뼈대를 이루는 H빔 등을 통해 산업의 괴물들을 다양하게 만났다. 물론 괴물들은 조춘만을 가만 놔두지 않았다. 그는 괴물에게 물리기도 했다. 용접 때 불똥이 튀어서 옷에 구멍이 나는 일은 흔했으며, 불똥 하나가 귓속으로 들어가 고막을 태우는 바람에 그는 지금도 청력에 약간 이상이 있다. 물론 산업의 괴물에게 희생된 수많은 사람들에 비하면 그는 운이 좋은 편이다. 이제 와서 그런 괴물들을 그가 사진 찍는다는 것은 괴물의 트라우마를 극복하고 자기 것으로 받아들일 수 있다는 의미심장한 일이다. 당시 그는 사진에 대해 알지도 못했으나 젊은 시절 산업에 몸 바치는 동안 괴물의 무서움뿐 아니라 매력도 같이 느꼈다. '학교를 다녀야 할 나이에 공장을 다녔다'고 하면 측은해 보이는 이유는 공장이 괴물이기 때문이다. 학교에서 보살핌을 받아야 할 아이가 사람을 집어삼키는 괴물에게 봉사하고 있으니 기가 막힐 노릇이다. '공장 다닌다'는 '회사 다닌다'와도 또 다른 함의를 가진다. 회사도 괴물이지만 공장은 더 괴물이다. 그래서 공장은 항상 무섭고 두려운 곳으로 표상된다. 조춘만도 젊은 시절 그런 공장을 체험하고는 마침내 그 두려움을 극복하고 공장에 대한 표상을 만들어낸다.

조춘만이 공장을 사진 찍은 과정은 괴물 적응기라고 할 수 있을 것이다. 한국에서 일찍부터 공업 도시로 성장한 울산은 괴물들을 키우기 시작한다. 1966년에 신설된 한국과학기술원(KIST: Korea Institute of Science and Technology)은 조선 산업을 포함한 중공업 육성 계획을 세우고 있었으며 제2차 경제개발 5개년계획 기간(1967~71년) 동안 조선공업진흥법이 생겨난다. 조춘만은 현대중공업에서 용접 일을 한 후 중동에 건설 노동자로 파견되어 뜨거운 사막에서 살인적인 노동시간을 채우며 용접사로 일하게 되는데, 그의 노동은 한국이 공업 발전을 이루는 데 철저히 밑에서 받쳐주는 대들보 역할을 했다.

그런데 조춘만이 일하던 울산의 공장 경관은 우리가 알던 예전의 공장과는 많이 다르다. 무엇보다도, 울산에는 건축물로서의 공장은 별로 없다. 설비들이 하도 거대해서 건물 안에 가둘 수가 없는 것이다. 울산의 산업 설비는 본격적으로 괴물이 되어 자신을 가두고 있던 건물을 부수고 나와버렸다. 특히 조선소는 더 그렇다. 물론 조선소에도 선체 블록을 조립하는 건물들은 있지만 그것들은 하나의 거대한 덮개일 뿐 기둥이 버티고 있고 여러 층으로 돼 있으며 입구와 출구가 있는 기존의 건축물과는 완전히 다르다. 게다가 조선소의 어떤 건물들은 레일 위에 얹힌 채 바퀴를 통해 전체가 이동하기 때문에 건축물이라고 할 수 없다. 그리고 무엇보다도, 조선소에서 짓는 배들이 건축물보다 훨씬 크고 복잡하기 때문에 설사 건축물이 있다 해도 눈에 띄지도 않는다. 배 자체가 건축물인 것이다. 배를 만든다고 하지 않고 짓는다고(shipbuilding) 한 것은 괜한 말이 아니었다. 오늘날의 배들은 웬만한 건물보다 크고 복잡하다. 1974년에 건조된 초대형 유조선 애틀랜틱 배런의 길이가 63빌딩보다 100미터가 더 긴 355미터였다는 것을 생각해보면 울산의 경관은 일찍부터 괴물스런 기계들의 숭고미를 준비하고 있었다고 할 수 있다. 지금도 그 괴물은 계속 자라나고 있다. 현대중공업은 최근 세계 최초로 100만 톤 규모의 FPSO(Floating Production Storage and Offloading; 해상 원유생산 저장시설) 전문 도크인 H도크를 완공했다. 이 도크에는 1600톤을 들 수 있는 세계 최대의 골리앗 크레인이 두 기 운영되고 있으며, 이 도크 덕에 FPSO의 건조 기간은 1개월 단축되고, 생산원가는 15퍼센트 절감된다고 한다. 우리가 괴물을 곁에 두는 이유는 이런 초능력들 때문이다.

조선소뿐 아니라 울주군을 가득 메우고 있는 석유화학 공장들도 건축물을 초월한 괴물의 경관을 보여준다. 이곳의 파이프라인들은 건물을 빠져나와 아예 공장도 벗어나서 담을 넘고 길을 건너 다른 공장까지 뻗어 있을 정도로 규모가 크고 복잡하다. SK에너지는 석유와 아스팔트를 생산하고 있으며, SK종합화학은 폴리머에서 방향족 제품에 이르는 온갖 종류의 화학제품을 생산하고 있다. 엄청난 양의 원료를 집어삼키고 엄청나게 다양한 생산물을 토해낸다는 것은 괴물이 아니고서는 할 수 없는 일이다. 그런데 울산에서 벌어지고 있는 일은 서양 근대건축과 산업의 역사와는 다른 궤도를 그리고 있다. 20세기 초반 서양에서 근대의 산업이 새로운 규모와 속도, 복잡성, 새로운 물질들을 개발해내고 있었을 때만 해도 산업은 새로운 건축물과 깊이 연관돼 있었다. 그것은 단순히 새로운 공장이 아니라 건축 자체의 새로운 패러다임이었다. 미스 반데어로에, 페터 베렌스, 르코르뷔지에 등 유명한 건축가들은 다 공장 건물에 손대고 있었다. 그때의 공장은 괴물이 아니라 작품이었다. 그들이 설계한 공장들은 우아하고 아름다웠으며 새로운 근대의 감각을 구현하고 있었다. 그것들이 구현하고 있는 규모와 속도는 모호이너지에서 미래파, 마르셀 뒤샹에 이르는 많은 예술가들에게 영감을 줬다.

사실 공장 건물이 건축물로서 두각을 나타낸 것은 19세기 훨씬 전부터 시작된 일이었다. 역사상 수많은 놀랍도록 멋진 공장들이 있었는데 1778년 건축가 클로드 니콜라 르두가 프랑스 아르케스낭에 세운 왕립 제염소는 산업 초기 역사의 명작이었다. 대규모의 이 소금 공장은 계몽주의의 이상을 실현하기 위해 합리적으로 노동을 위계화할 수 있는 구조로 돼 있었다. 반원형으로 생긴 이 공장은 그 안에 주거 시설과 생산 시설을 갖춘 자족적인 이상 도시로 설계됐다. 제염소 입구에는 석조 기둥들이 늘어선 웅장한 로마식의 대문이 이 제염소를 기념비적인 건축물로 만들고 있었다. 르두의 왕립 제염소는 유네스코 세계문화유산으로 지정돼 있다. 이후 영국에 세워진 많은 공장들은 생김새에서는 소박했었다. 그러다가 공장 건축물이 다시 건축사에 등장할 만큼 멋져진 것은 바우하우스가 생기고 나서의 일이다. 페터 베렌스가 설계한 AEG 공장 건물은 단순하고 강한 형태미를 통해 근대 그 자체를 표상했다. **(도1)** 알바 알토는 1930년 핀란드의 오울루에 토필라 제지 공장을 설계했는데 이 건축물은 급경사의 사선으로 된 지붕이 무척이나 인상적이다.**(도2)** 모호이너지가 큰 영감을 받아 사진 작품으로 남길 만큼 그 공장은 조형적으로도 아름다운 것이었다. 1930년대의 또 다른 걸작은 런던 근교에 있는 배터시 발전소 건물이다.**(도3)** 프로그레시브 록그룹 핑크 플로이드의 앨범 『동물들(Animals)』 표지에 나와 유명해진 이 건물은 근대 산업 건축의 걸작이다. 산업 건축물답게 무뚝뚝한 모습이지만 이 건물을 돋보이게 하는

1 페터 베렌스, AEG 터빈 공장, 1909년

2 알바 알토, 토필라 제지 공장, 1931년

3 길버트 스콧, 배터시 발전소, 1930년대

것은 과장되지 않은 장식적 요소들이다. 네 개의 흰색 굴뚝 주위에 난 가느다란 홈이나, 그것을 받치고 있는 건물을 두른 요철 형태는 사실 장식으로 보이지 않을 만큼 절제돼 있다. 오로지 직육면체로 된 오늘날의 발전소 건물에 비하면 이 건물은 근대적 고전성마저 풍길 정도로 우아하다. 이런 산업 건물들의 모습을 보면 마치 조형적이지 않으면 산업이 돌아가지 않는다는 듯이 조형성에 신경을 쓴 모습이다.

21세기의 울산은 그런 조형성 따위에는 신경을 쓰지 않는다. 산업의 괴물들은 조형성을 갖춘 건물 안에 가두기에는 너무 크고 복잡하며, 너무 빨리 자라난다. 그래서 울산의 산업 경관에 스타일 따위는 없다. 그것을 설계한 유명한 건축가의 이름이 없음도 물론이다. 아마 울산의 공장 구조물들은 건축가가 아닌 엔지니어가 설계한 것으로 보인다. 선박이건 크레인이건 석유화학 생산 시설들은 건축물이 아니라 구조물이다. 옛날에 배를 설계하는 것은 건축가의 몫이었다. 그래서 대항해시대에는 배를 설계하는 기술을 '해군 건축(naval architecture)'이라고 불렀다. 그러나 지금 배를 설계하는 것은 엔지니어일 뿐이다. 더 정확히 말하면 선박 설계용 캐드 프로그램이다. 그러므로 오늘날 선박을 건축물에 빗대어 판단하거나 서술하는 것은 불가능하다. 그리고 요즘의 배들은 화물선이나 유조선 같은 기존의 분류를 훨씬 벗어나 드릴쉽, 반잠수식 시추선, FPSO, FLNG 등 완전히 새로운 패러다임을 가지고 있다. 그리고 이런 설비들의 생김새는 기존의 배에 대한 상식으로는 파악할 수 없는 것들이며 그런 감각의 범주에 들어오지 않는 것이다. 이런 물건들에 굳이 스타일이 있다면 순수하게 엔지니어링 스타일이라고 할 수 있다.

울산의 산업 경관은 근대의 공장 스타일과 근본적으로 다르다는 점에서 탈 바우하우스적이라고 말하고 싶다. 예술과 기술의 조화를 통해 근대적 감각의 아름다움을 구현한다는 바우하우스의 이상은 울산에 들어설 틈이 없다. 괴물에게는 스타일이나 감각적 아름다움은 없다. 엄청난 물질들을 집어삼키고 엄청난 생산물들을 토해내는 데만 관심 있다. 괴물에게는 괴물 스타일이 있을 뿐이다. 그것은 물질과 기능과 구조가 아무런 포장이나 장식도 없이 생경하게 그대로 드러나는 스타일이다. 울산의 풍경에는 건조 중인 선박과 해상 구조물들과 크레인과 굴뚝과 파이프라인들이 들어차 있을 뿐이다. 그것들은 베렌스나 알토의 공장 건물같이 깨끗하고 우아하게 정돈된 선을 가지고 있지 않다. 울산의 구조물들은 소실점 없이 마구 얽혀 있다. 그것들은 잘 통제된 카오스를 이루고 있다. 저런 시각적 혼란상 속에서 일목요연하게 효율적으로 생산이 이루어지고 있다는 것이 놀라울 뿐이다. 그 풍경은 누구도 정리해낼 수 없는 것이다. 그런 점에서 울산의 산업 경관은 기존의 미 감각이 들어설 틈이 없는 백지 상태이다. 누구도 그것을 아름답게 정돈된 풍경화로 그려낼 수 없다. 그래서 울산의 산업 경관을 가지고 예술적인 사진 작업을 한다는 것은 불가능해 보인다. 그런데 바로 그 점 때문에 기존에 존재하지 않았던 사진 작업이 가능한 곳이 울산이기도 하다. 극단적인 카오스의 경관에서 새로운 미감이 나올지도 모른다. 조춘만은 바로 그 기회를 잡는다. 예술이 되지 않는 곳에서 예술을 하는 것이다.

울산의 공장들이 괴물이라고 해서 절대로 추하다는 말은 아니다. 오히려 울산에는 괴물만이 낼 수 있는 미감이 있다. 공공 조각이랍시고 빌딩 앞에 조그만 물건들이 옹색하게 놓여 있는 다른 도시와는 달리, 울산은 강철로 된 다양한 용도의 조각물들이 엄청난 스케일로 도시의 스카이라인을 이루고 있다. 하늘을 뒤덮은 구조물들의 숭고미와 구축 미는 때로는 위압적이기도 하고, 때로는 초현실적이기도 하고, 때로는 혼란스럽고 아기자기하기도 하다. 공장 설비이면서 동시에 건축물이기도 한 이런 구조물들은 어떤 스트레스도 이겨낼 것 같은 강철의 질감과, 여러 가지 공장의 용도와 기능에 맞는 형태들로 인해 다른 곳에서는 볼 수 없는 아름다움으로 빛난다.

울산의 스카이라인을 이루는 강철 구조물들은 또 한편으로는 앙코르와트를 연상시킨다. 신비로울 정도로 복잡한 형상의 유적들이 정글의 나무들과 뒤얽혀 있는 앙코르와트처럼, 울산의 구조물들은 그 정체를 알 수도 없는 온갖 형상으로 하늘을 뒤덮고 있다. 앙코르와트가 비슈누를 모시는 곳이라면 울산이 모시고 있는 것은 강철과 중기계 공업과 중화학공업이다. 종교가 다양한 형상을 낳듯이 강철의 산업도 다양한 형상을 낳는다. 울산은 또한 그 기기묘묘한 형상의 구조물들로 인해 설악산의 울산바위를 닮았다. 울산바위라는 말은 정확치 않은데, 그것은 하나의 바위가 아니라 수많은 바위들의 집합이기 때문이다. 길이 1.6킬로미터의 울산바위는 오랜 세월 중첩되고 침식된 기기묘묘한 형상의 바위들로 이루어져 있다. 공업도시 울산은 울산바위보다 훨씬 짧은 세월에 형성됐으나 산업의 복잡성은 울산바위 못지않은 경관을 이루고 있다. 울산바위를 섭렵할 수 있는 것은 전문적인 등반가뿐이다. 공업도시 울산의 산업적 경관을 섭렵한 것은 사진가 조춘만밖에 없다.

산업 경관 표상의 역사

유럽에서 산업 경관이 제대로 표상되기 시작한 것은 18세기 디드로의 『백과전서(Encyclopédie)』가 생겨날 무렵이었다.(도4) 여기서 '제대로'라는 것은 산업의 발달 정도에 걸맞게 정확하고 객관적으로 표상된 것을 말한다. 디드로가 편찬한 『백과전서』는 특이한 이분법적 구조를 가지고 있는데, 전체적으로는 글과 도판으로 돼 있다. 그리고 도판은 또 둘로 나뉘어 있다. 특정 분야의 작업 전체를 보여주는 그림과 작업에 필요한 도구들과 부속들을 보여주는 그림의 두 부분으로 돼 있다. 전자는 전통적인 풍경화의 선원근법을 따르고 있으며, 사람들이 작업하는 광경을 총체적으로 보여주고 나무나 개울이 흐르는 목가적인 배경이 있는 것도 있다. 즉 사람들이 작업하는 현실적인 모습을 보여주는 것이다. 그러나 도구와 부속에서는 관점이 달라진다. 그것은 철저하게 사물을 객관적으로 보여주고 있으며, 체계적인 분류를 따르고 있다. 18세기에 그렇게 세세하게 분류된 금속 작업 도구들이 있었으며 침대를 만드는 도구들도 그렇게 세분화돼 있었다는 점이 놀랍다. 사물들은 선원근법이 아니라 앞뒤가 같은 폭을 가지는, 기묘하지만 정확한 원근법에 따라 그려져 있다. 그리고 도판들은 화가가 마음대로 그린 것이 아니라 일정한 굵기와 간격의 직선으로만 그려져 있다. 주관성이 완전히 배제된 채 일정한 호흡으로 그린 그림이다. 마치 팔만대장경을 새길 때와 마찬가지로 『백과전서』의 도판을 그린 화가는 선 하나 긋고 호흡을 가다듬고, 그림 하나 그리고 신에게 기도했을 것 같다. 도판의 이분법은 시간의 흐름과 정지의 이분법이기도 하고 작동과 구조의 이분법이기도 하다.

오늘날의 기준으로 보면 당시의 산업은 초라해 보일지 몰라도 야금술, 선박 제조 및 운항술, 건축술, 치료술 등 수백 가지에 이르는 직업과 지식들이 총망라돼 있는 『백과전서』는 문자 그대로 A에서 Z까지 이 세상의 모든 지식을 빠짐없이 망라하고 있다. 이 책의 중요성은 지식의 총체성도 있지만 직업과 지식의 세계를 객관적으로 묘사하고 있다는 데도 있다. 사진은 그보다 훨씬 후에 나왔지만 『백과전서』의 객관적이고 정확한 묘사 태도가 없었더라면 손으로 막 그린 스케치보다 더 정확한 표상 수단이 되지 못했을 것이다. 『백과전서』속의 산업 경관은 상당히 체계적이다. 작업에 필요한 모든 도구들은 흐름에 따라 구조 속에 배치돼 있으며 그 속에서 사람은 어떤 역할을 하는지 분명하고 알기 쉽게 그려져 있다. 18세기 프랑스어를 잘 아는 사람이 텍스트와 함께 읽는다면 많은 정보를 얻을 수 있을 것이다. 유럽에서 근대산업의 표상은 그 여명기부터 정확성에 초점을 맞춘다.

하지만 산업의 표상이 바로 목가적인 풍경으로부터 해방된 것은 아니다. 영국의 토마스 롬브의 견사 공장 그림은 목가적 풍경을 통해 산업에 대한 낭만주의를 표상했다.(도5) 이 그림에서 목화 공장은 떡갈나무 숲에 둘러싸인 귀여운 벽돌 건물일 뿐이다. 오늘날의 괴물과는 거리가 먼 모습이다. 그러나 목가적인 산업 풍경이 괴물의 풍경으로 변하는 데는 오래 걸리지 않았다. 인간의 실존적 스케일을 초월하는 괴물 같은 산업 경관은 프러시아의 건축가이자 도시계획가인 칼 프리드리히 쉰켈을 놀라게 했다. 1826년 세계 산업의 중심지였던 영국 맨체스터에 도착했을 때 그는 화려함과 공포의 극점을 봤다. 영국의 발전된 산업계를 시찰하러 온 그는 맨체스터의 하늘을 메우고 있는 공장의 굴뚝들을 보고 새로운 산업의 경관에 매료됐다. 그것이 바로 숭고미의 특징이다.

그러나 한국에는 여태껏 숭고미건 어떤 미건 간에 산업 경관을 의미 있고 아름다운 것으로 묘사한 표상은 없었다.

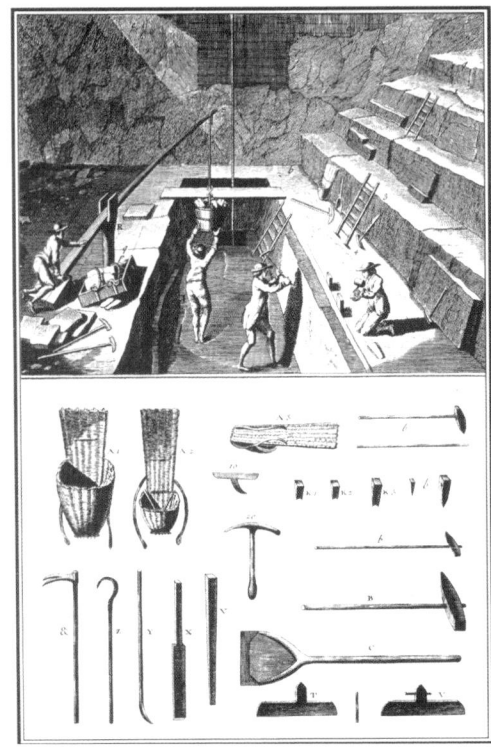
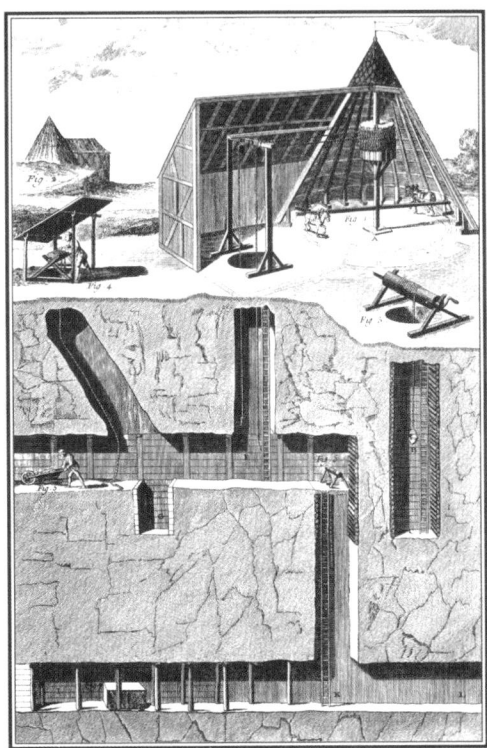

4 디드로·달랑베르, 『백과전서』, 1751년

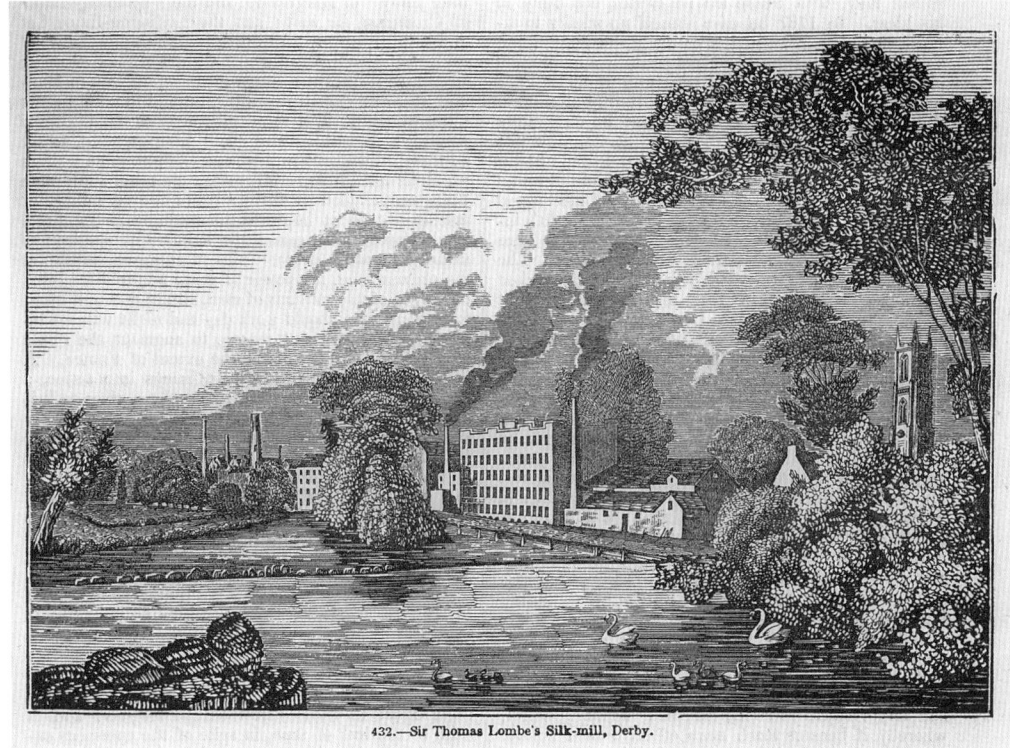

5 작자 미상, 토머스 롬브의 견사공장, 18세기

1970년도에 새마을사업이 시작되면서 울산 석유화학 공장의 이미지가 초중고등학교 교실에 환경 미화용으로 많이 활용됐으나 그것은 산업미를 애호해서가 아니라 조국 근대화의 발전상이라는 프로파간다 목적이었다. 우리는 환경 미화 기간만 되면 그 공장에서 무엇을 생산하는지도 모르고, 연간 생산 능력은 더 모르고, 어떤 환경문제를 일으킬지는 더더욱 모르고 (1970년대만 해도 공해라든가 환경이라는 단어가 거의 쓰이지 않았다) 공장 사진을 벽에 붙였다. 프로파간다의 목적은 이성을 통한 깨달음이 아니라 반복되는 주입을 통해 사람을 마비시키는 것이다. 우리는 공장 굴뚝에서 연기가 콸콸 나오는 사진을 보면서 조국이 발전하고 있다고 믿었다. 당시의 공장 이미지는 숭고미에 기초한 산업미가 아니라 '조국'이라는 의식이 과잉 주입되어 조국의 발전이 나의 발전이라고 믿게 만든 프로파간다였을 뿐이다. 하긴 산업미를 즐기기에 1970년대는 너무 이른 시기였다. 우선 우리 앞에 괴물 같은 공장이 나타난 지 얼마 되지 않았기 때문에 그 광경을 숭고하다거나 아름답게 볼 수 있는 안목도 여유도 없었다. 그리고 취향과 감각의 층위가 매우 단순하고 한정적이었던 당시로서는 산업 시설을 아름답게 볼 수 있는 감각의 층위는 존재하지 않았다. 물론 당시 미술대학 교수나 유명 화가들이 정부 부처에 불려가 임진왜란도라든가 산업 발전도 같은 것을 그렸지만 그것 역시 프로파간다였을 뿐이고, 산업미에 눈 뜨지 않은 그들이 그린 공장이란 결코 아름답게 묘사돼 있지 않았다. 그리고 무엇보다도, 당시 산업이란 허겁지겁 먹고살기 바쁜 시절에 미래에 대한 약속이었을 뿐 지금 여기 와 있는 문화도 표상도 아니었다. 즉 산업이 충분히 사람들 가까이 와 있지 않았던 것이다. 이때의 산업은 오로지 물질로만, 혹은 이윤 동기로만 존재했었다. 그것의 시각적인 표상이 국가주의 프로파간다였다.

산업을 배경으로 한 프로파간다 중 가장 성공한 것이 드라마 「꽃피는 팔도강산」이었다. 1974년부터 1년 6개월에 걸쳐 398회가 방영된 이 드라마는 공영방송 KBS가 만든 것이지만 문화공보부의 입김이 강하게 작용했고, 유신 정권을 홍보하는 성격이 강했다. 포항제철, 현대자동차, 현대중공업 등의 산업 시설은 이 프로파간다 드라마의 배경으로 효과적이었다. 물론 이 드라마가 산업 시설만 보여줬더라면 성공하지 못했을 것이다. 이 드라마에는 삭막한 산업 경관을 누그러뜨리는 '인간적'인 면이 많았다. 주인공인 김희갑과 황정순은 전국의 산업 시설에서 일하는 자식들을 방문하여 자잘한 에피소드들을 엮어낸다. 때로는 자식들 간에 갈등이 생기면 중재하러 가기도 하는 등, 안방극장을 점령할 요소를 갖추고 있었다. 이 드라마에서 산업 경관은 숭고미로 다가오기는 한다. 포항제철이나 현대중공업을 방문한 한복 차림의 김희갑, 황정순 노부부는 연신 입을 크게 벌리고 감탄하고 있었으니 말이다. 그 덕에 1970년대에 중고등학교를 다닌 우리들은 수학여행을 현대중공업 조선소와 포항제철로 가게 된다. 하지만 거기서 우리가 본 것은 산업 시설의 숭고미가 아니라 앞사람 뒤통수뿐이었다. 우리들은 그런 공장의 시설들이 무엇을 의미하는지 관심이 없었고, 우리들을 인솔한 선생님들도 관심이 없었기는 마찬가지였다. 1970년대에는 누구에게도 산업 경관이 아름다운 표상으로 다가오지 않았기 때문이다. 현대중공업과 관련한 표상은 오로지 정주영 신화뿐, 또 그가 영국에서 보여줬다는 1000원 지폐에 그려진 거북선 그림뿐이었다.

1970년대 당시 대부분의 사람들에게 공장 풍경은 너무나 복잡하고 알 수 없는 구조 때문에 상징계 이하의 세계이거나, 그저 삭막하기 때문에 찬찬히 쳐다볼 가치가 없는 것이었다. 아니면 삶에서 가치 있는 부분이 아니라고 생각되었던 것 같다. 왜냐면 대부분의 사람들은 소비자이며 자신이 소비하는 물건의 값이나 품질에 관심 있지 그것이 생산되는 과정에는 관심이 없기 때문이다. 요즘의 소비자들은 생산품의 디자인에 관심이 있지만 생산 과정에 관심이 없는 것은 마찬가지다. 그것이 대형 선박이나 자동차, 반도체, 석유화학제품처럼 특수한 기술을 필요로 하는 것이라면 더 그렇다. 설사 소비자가 생산에 관심이 있다고 해도 그런 생산 현장은 접근 자체가 차단돼 있기 때문에 소비자의 시선은 향하기 어렵다. 산업 경관의 숭고미를 감상한다는 것은, 설사 미의 개념이 아무리 무관심적 쾌에 있다고 해도 어느 정도 산업 자체에 대한 이해를 전제로 한다. 석유 에너지에 관심이 있는 사람이 정유 공장을 아름답게 볼 것이고, 선박에 관심 있는 사람이 조선소를 아름답게 볼 것이다.

 1980년대 이후가 되면서 산업 경관의 표상은 새로운 국면에 접어든다. 기업 연감이라는 것이 발행되기 시작했기 때문이다. 기업 연감에는 산업 시설의 사진이 실리지만 이것도 제대로 된 산업의 표상이라고 보기는 어렵다. 사진을 주문하는 기업으로서는 생산 시설의 구조와 기능, 원료가 처리되어 제품이 나오는 과정을 알리기 위해 사진을 쓰는 것이 아니다. 그 사진들이 '우리 공장이 이렇게 크고 화려하다'는 사실 하나만 보여주는 지극히 단순한 진술을 하고 있을 뿐이다. 어차피 기업 연감에서 중요한 것은 통계 수치이지 이미지가 아니기 때문에 산업 경관을 담고 있는 사진은 참고 도판일 뿐이다. 누구도 자세히 눈여겨보지 않는다. 그리고 사진의 구도는 항상 공장의 전경을 배경으로 작업복을 입고 헬멧을 쓰고 손에는 설계도를 든 직원이 손으로 멀리 하늘을 가리키는 상투적인 것들뿐이었다. 그 사진들은 엄밀히 말해 산업에 대한 표상이 아니라 자본의 프로파간다였다. 1970년대의 산업 표상이 국가의 프로파간다였다면 1990년대의 기업 연감 사진은 자본의 프로파간다라는 사실이 다를 뿐이다. 따라서 사진들은 여전히 상투적이고 아무런 정보도 주지 않는다. 여기서 중요한 사실은 이런 사진을 찍은 사진가들이 산업의 애호가가 아니었다는 점이다. 그들은 원래 자기 작업 하다가 돈벌이로, 혹은 약간의 경험을 위해 기업 연감 사진을 찍을 뿐이지 정유 공장의 파이프라인이 너무 아름다워서, 조선소의 크레인이 너무 웅장해서 못 찍게 하는 것을 뚫고 찍는 사람들이 아니다.

 결국 한국에는 필요에 의해서 찍은 공장 사진은 있었지만 그것을 멋지고 의미 있는 경관으로 찍은 사진은 없었다. 한국 사람들은 근대화를 위해 산업이라는 괴물을 끼고 살아야 했지만 그것을 표상으로 만들어서 다스리는 법을 배우기까지 한참을 기다려야 했다. 공장이 포토제닉한 것으로 비치려면 21세기까지 기다려야 했던 것이다. 1917년 알버트 칸이 설계한 포드 자동차 공장을 1927년 찰스 쉴러가 사진 찍는 식의 표상의 계보는 한국에 없는 것이다. 이제는 산업 사진의 아이콘이 된 쉴러의 사진을 보면 그가 포드 자동차 공장의 건축물을 얼마나 아름답게 느꼈는지 알 수 있다. 화면을 X자로 가로지르는 벨트 컨베이어와, 그 뒤에 버티고 선 시커멓고 높은 굴뚝들은 긴장감 있는 형태미와 더불어 근대가 무한히 발전할 것 같은 낙관적 전망 속에서 아름답게 빛났다. 이 사진은 포드 자동차 공장의 설비들이 가진 선, 면, 질감, 부피감, 운동감 등 조형의 기본적인 요소들을 통해 산업의 아름다움을 적극적으로 예찬하고 있다.

 비슷한 시기에 마거릿 버크화이트는 다양한 산업 현장들을 찍는다. 그녀는 폭격기에서부터 발전소의 터빈, 댐, 방송 시설 등 산업에 관련된 것이라면 닥치는 대로 찍었다. 산업 사진의 역사를 서술할 때 제일 앞줄에 세워야 할 마거릿 버크화이트의 사진 특징은 그 모든 것들을 스펙터큘러하게 찍었다는 점이다. 그녀는 역동적인 사선 구도를 좋아했으며 산업 시설들은 항상 극적으로 묘사됐다. 그녀는 산업 사진을 통해 근대성의 기념비를 세우려 했던 것으로 보인다. 그녀가 찍은 기계 사진들에서는 항상 번질거리는 금속성 표면의 질감과 인간을 압도하는 규모가 강조돼 있다. 맨해튼 빌딩 숲 위를 DC-4 여객기가 나는 1939년 사진은 그녀의 사진 중에서도 압권이라 할 만하다. 근대성의 기념비라 할 빌딩들 위를, 그것도 맨해튼의 대로를 따라 나는 DC-4의 모습은 산업이 가져온 숭고미의 압권이다. 특히 빌딩과 도로 등 도시 기반 시설을 이루는 콘크리트와 비행기의 동체를 이루는 빛나는 알루미늄은 질감의 대조를 이루며 각축하고 있는 듯하다. 거기다가 비행기의 유선형에서 나오는 속도감이 더해져, 이 사진을 보고 있으면 근대성의 아름다움이 아찔하게 느껴질 정도이다.

 반면 폴 스트랜드는 기계들의 추상적인 아름다움을 찍었다. 그는 타자기나 작은 기계를 클로즈업하여 금속성 표면의 질감을 강조했다. 기계를 장대한 스펙터클로 강조한 버크화이트와는 달리, 스트랜드는 규모가 작은 기계들을 통해 기계의 추상적 형태의 아름다움을 나타내려 했다. 그의 사진들 전체를 보면 건물이나 담장에 떨어지는 그림자건, 접시와 사과가 얽힌 모습이건 모더니즘적 사진의 새로운 감각을 만들어내기 위해 매진했음을 알 수 있다. 그러나 마거릿 버크화이트나 폴 스트랜드나 오로지 산업에만 관심 있었던 사진가들은 아니었다. 산업은 그들이 가졌던

광대한 관심의 스펙트럼 가운데 한 부분일 뿐이었다. 최근 존 섹스턴은 『힘의 장소들(Places of Power)』이라는 책에 미항공우주국에서 우주선을 조립하는 과정을 대형 카메라로 정교하게 찍은 사진들을 싣고 있지만 그는 평소에는 목가적인 풍경을 앤설 애덤스의 스타일로 찍는 사진가이다.

반면, 유럽과 미국에서 오로지 비타협적으로 산업에만 관심 있었던 오다쿠 수준의 사진가 둘을 들 수 있다. 이들은 독일의 베허 부부와 미국의 윈스턴 링크였다. 베허는 오로지 공장 건물만, 링크는 오로지 증기기관차만 찍었다. 둘의 사진 스타일은 달랐지만 공통점은 자신들의 사진 카테고리를 철저히 지켰다는 점이다. 마치 공장 건물과 증기기관차 외의 다른 사물에 대해서는 전혀 모른다는 듯이, 이들은 오로지 자신의 사진 대상만 쫓아다닌다. 그 점에서 이 둘은 조춘만과 닮았다. 한국에서 베허라고 하면 똑같은 포맷을 정해놓고 거기 맞춰 여러 대상들을 찍는 소위 유형학적 사진으로 유명하지만 그들의 사진을 찬찬히 들여다보면 공장 건물에 얼마나 매료됐는지 알 수 있다. 공장 건물이 너무 아름답고 사랑스러워서 뚫어지게 바라보고 군침을 흘렸을 그들이 상상이 되는 것이다. 그들의 사진에는 그런 열렬한 애호가 나타나 있다. 그들이 펴낸 수많은 공장 건물에 대한 책들은 오다쿠 수준의 애호의 산물이다. 유형학은 그들이 사진의 소재를 분류한 체계일 뿐이다. 특히 독일 루르 지역의 산업 유산들을 찍은 사진은 독일의 지나간 철강 산업의 유산을 충실히 기록하고 있어서 역사적 가치도 있다.

미국의 윈스턴 링크는 정말로 못 말리는 증기기관차 오다쿠였다. 주로 1950년대에 작업한 그는 증기 기관차를 꼭 밤에만 찍었다. "낮에는 태양이 내가 원하는 쪽에 있지 않다"는 것이 그 이유였다. 덕분에 그의 조수는 열차의 긴 편성을 다 밝힐 조명들을 선로 주변에 설치하느라 큰 고생을 해야 했다. 그는 증기기관차를 일상의 온갖 상황의 배경으로 삼아서 사진 찍었다. 어떤 사진에서는 풀장의 배경으로 기관차가 나왔고, 어떤 사진에서는 목장의 배경으로, 심지어 어떤 사진에서는 가정집 실내의 배경으로 기관차가 나오기도 했다. 그런 링크의 사진 중 압권은 증기기관차와 제트기와 자가용 승용차라는 세 가지 다른 교통수단이 한 장에 나온 사진이었다. 1950년대면 철도는 쇠퇴하고 승용차와 제트기가 부상할 때다. 그는 각기 다른 패러다임의 교통기관을 한 장의 사진에 넣어 그것들이 엮어내는 시대성을 잡아냈다.

여기서 중심적인 가치는 '애호'이다. 국가에 중요하거나 근대화의 상징이라서가 아니라, 오로지 내가 좋아하기 때문에 사진 찍는다는 것, 내 눈에 저 괴물이 아름다워 보이기 때문에 찍는다는 것이다. '내'가 좋아한다는 것은 국가 발전이나 근대화의 상징이라는 것보다는 훨씬 사소해 보인다. 국가나 근대화가 작은 개인인 '나'보다 훨씬 크고 중요해 보이기 때문이다. 그리고 국가나 근대화는 개인의 애호에 기초해서가 아니라 구국의 사명감에 기초해 있는 것으로 보인다. 그러나, 국가와 근대화를 위해 얼마나 많은 '나'가 희생되었는가. 희생된 것은 '나'의 목숨만이 아니라 '나'의 권리와 취향이었다. 특히 중공업에 대해서는 더 그렇다. 현대중공업과 포항제철은 정주영과 박태준이라는, 개인을 훨씬 초월한 초인들에 의해 세워지고 성장했다. 실제로 그들은 개인을 백만 명 합한 것보다 훨씬 더 큰 능력과 비전을 가지고 있었다. 그분들 앞에서 노동자가 무엇을 애호한다는 취향은 전혀 중요한 것이 아니었다. 이제 그분들도 돌아가시고 21세기에 들어서 조춘만은 국가 발전의 사명감에 치여 잃어버렸던 '애호' 즉 자신이 순수하게 좋아하는 시선을 찾아 나선다. 그것도 중공업에 대해서 말이다. 따라서 그의 사진은 누구의 것도 아니었던 중공업의 경관을 애호를 통해 선택하고 우리에게 되돌려준다. 그것은 아주 작은 일이지만 매우 의미 있는 역사적 전환이다. 우리 곁에 있었지만 우리의 시선 안에 들어오지 않았던 중공업의 경관을 이제야 볼 수 있도록 해주기 때문이다. 1970, 80년대의 중공업을 이용한 프로파간다는 '보게' 하는 이미지는 아니었다. 그것은 그릇된 국가관에 눈멀게 하는 이미지였을 뿐이다. 이제 조춘만은 우리로 하여금 괴물을 보게 해준다. '애호'라는 가치에 기초해서 말이다.

그런데 그의 어려움은 애호에 기초한 심미적 표상의 계보가 한국의 산업 경관에 없었다는 것이다. 그런데 여기에는 한국의 산업 경관에 적절한 표상이 없었다는 사실도 있지만, 최근 한국의 산업 경관의 특징도 작용한다. 지금

현대중공업 조선소에는 세계에서 제일 크고 복잡한 FPSO, FLNG, 반잠수식 시추선, 드릴쉽 등 20년 전에는 볼 수 없었던 물건들로 가득하다. 따라서 이 조선소는 이름조차 생소한 이런 설비들을 통해 인류 역사상 유례가 없는 풍경을 보여준다. 원유를 받아서 해상에서 정유하여 제품으로 만들어 저장한다는 FPSO의 개념을 이제 막 이해하기 시작했는데 그것이 그림이나 사진 등의 표상으로 나온다는 것은 힘든 일이다. 아직 괴물이기 때문이다. 조선소에서 일하는 직접 당사자나 해양 설비 전문가가 아닌 사람이 봐서는 그게 뭔지 도무지 감을 잡을 수 없기 때문에 그것들은 미지의 괴물이다. 산업은 아직 괴물을 공개할 준비가 돼 있지 않다.

조춘만의 시선의 역사

그렇다면 산업 사진의 계보가 존재하지 않는 한국에서 조춘만의 사진은 산업 시설과 기계를 어떻게 다루고 있는가? 나는 이것을 기계비평적 관심이라고 하고 싶다(기계비평이라는 용어에 대해서는 본인의 졸저 『기계비평: 한 인문학자의 기계문명 산책』[현실문화, 2007], 『기계산책자』[이음, 2012]를 참고하기 바란다). 기계비평적 관심이란 기계의 속을 봐야 직성이 풀리는 심사를 말한다. 우리는 대부분 기계의 소비자들이다. 기계를 설계하거나 만드는 사람은 소수이다. 소비자는 기계의 속 구조에 관심이 없고 그에 대한 지식도 없다. 소비자는 기계를 써서 자신의 목적을 달성하면 그뿐이다. 우리는 또한 사진의 소비자들이다. 어떤 것을 사진 찍지만 내가 사진 찍는 그 사태가 어떻게 돌아가는지에는 관심이 없다. 소비자란 처지는 좀 슬프다. 왜 슬픈지 설명하기 위해 이 세상의 얼개부터 얘기해보자. 이 세상이란 복잡하게 얽힌 물질의 얼개로 돼 있다. 그 위에 담론과 표상들이 얹혀 있어서 우리는 그것을 통해 물질을 접하고 이해한다. 의미 있고 제대로 된 삶이란 그 얼개들과 풍부하게 관계 맺는 삶이다. 들판에 나가서 꽃이 예쁘다는 것만 보지 말고 꽃이 언제 피고 어떤 열매를 맺는지, 그 열매는 어떤 동물들이 먹는지, 사람이 먹을 수 있는 것인지 궁금해 하고 직접 씹어보고 몸에 통하는지 안 통하는지 알아보고, 통한다면 열매를 통해 물질계와 풍부한 관계를 맺는 것이다. 그리고 그런 관계를 바탕으로 자신이 겪은 물질계의 감각들에 대해 담론과 표상을 만들어내고, 그것들이 빈곤해지지 않도록 계속해서 물질계를 탐색하여 끊임없이 외부의 물질세계와 자신이라는 닫힌 세계가 서로 삼투하는 신진대사를 하게 하는 것이 제대로 된 삶이다. 그런데 요즘 사람들은 그런 식으로 물질계와 관계 맺지 않는다. 그저 이미지나 표상으로만 접할 뿐이다. 소비자는 자신이 쓰는 제품이 어떻게 생산되는지 관심이 없고 오로지 디자인과, 몸에 좋은가 안 좋은가에만 관심이 있다. 그러니 소비자인 우리들의 삶이란 겉으로는 풍부한 것 같지만 넓디넓은 물질세계와 통교한다는 점에서는 한없이 빈곤한 것이다.

기계비평적 관심이란 물질계의 속을 들여다보고 어떤 얼개로 어떻게 돌아가는지 파악해야 직성이 풀리는 사고방식이다. 예를 들어 KTX를 타고 서울역에 내리면 모든 사람은 바삐 역을 빠져나와 제 갈 길을 간다. KTX를 다 소비했으니 더 미련을 가질 필요가 없는 것이다. 기계비평적 관심은 사람들이 다 내린 KTX가 그 다음에는 어디를 가느냐가 궁금하다. KTX는 계속 달려서 경기도 고양에 있는 행신차량기지로 간다. 거기서 검수도 받고 편성도 바꾸고 한다. 거기서는 KTX 차량을 들어 올려서 차체와 대차를 분리해낸다. 그러고는 차륜을 따로 떼어내 검사도 하고 필요하면 절삭하기도 하고 너무 낡았으면 교체하기도 한다. 그런 과정에서 KTX에 대한 지식과 노하우가 실행된다. 기계비평적 관심은 그런 얼개를 알고 싶어 한다. 그것은 사물의 외관에 만족하지 않고 속을 들여다봐야 직성이 풀리는 해부학적 관심이다.

울산은 어느 도시보다도 기계의 경관으로 가득 차 있지만 대부분의 울산 시민들은 소비자들이다. 그들은 식료품의 소비자일 뿐 아니라 경관의 소비자들이다. 그래서 자신이 매일 보는 경관 뒤에 있는 물질들의 얼개와, 거기 얽힌 담론이나 표상에 관심이 없다. 그들 중 설사 사진에 관심이 있다고 해도 영남 알프스의 억새밭이나 태화강의 10리 대나무밭, 동해의 일출 등 소위 울산 12경을 찍는다. 그런 경관들은 소비될 뿐이다. 그런 것들을 아무리 열심히 쫓아다니며 찍는다고 해봐야 그런 사물들에 대한 이해는 생기지 않는다. 사진이란 사물의 외관만을 베끼는 바보 기계이기 때문이다. 예를 들어 사진의 소비자가 신불산의 억새를 찍는다면 신불산 정상에 드넓은 억새밭이 생기게 된 생태학적 사연이나 자연사에는 관심이 없다. 반면, 조춘만은 울산의 산업 경관의 속 모습이 궁금하다. 그렇다고 공장들을 들어가볼 수는 없으므로 공장을 볼 수 있는 자신만의 밴티지 포인트를 찾아 가능한 모든 곳을 찾아다닌다. 거기가 산꼭대기건 남의 아파트건 그는 가리지 않고 올라간다. 거기 가면 공장의 속 모습을 볼 수 있다. 물론 공장의 속 모습을 들여다본다고 해서 거기서 무엇이 생산되고 어떤 구조 속에서 생산되는지 알 수는 없다. 그래서 그는 관련자들을 수소문해서 자신이 찍은 공장의 설비는 어떤 것이고 그것은 무엇을 생산하는지 알아보려고 노력한다.

　조춘만의 그런 노력은 이 세상 사물들이 가진 두 가지 구조와 연관된다. 대부분의 사물들은, 건축물이나 공장 설비에서부터 개인들의 집같이 규모가 작은 것을 포함해서, 두 가지 구조로 나눌 수 있다. 그것은 닫힌 구조와 열린 구조이다. 이 둘은 완전히 다른 것이 아니라 하나의 구조가 접근하는 입장에 따라 다르게 다가올 수 있다. 예를 들어 우리 집은 나에게 열린 구조다. 나는 우리 집의 어떤 것이든 열어볼 수 있고 내 마음대로 구성 요소를 바꿀 수 있다. 심지어는 통째로 뜯어서 고쳐도 된다. 반면, 손님에게 우리 집은 닫힌 구조다. 손님은 응접실에 앉아서 내오는 과일을 먹거나 화장실에 갈 수 있을 뿐 우리 집 부엌에 들어와 냉장고에서 재료를 꺼내서 요리를 한다거나 우리 집 가구의 배치를 마음대로 바꿀 수 없다. 아무리 친한 친구라도 내 방까지 들어올 수는 있지만 책상 서랍을 열어보거나 장 속의 옷을 입어볼 수는 없다. 백화점은 가정집에 비하면 훨씬 열려 있는 구조다. 나는 어떤 것이든 집어서 만져볼 수 있고 옷은 입어볼 수 있으며 기계류는 작동도 해볼 수 있다. 하지만 상품들의 배치를 바꾸거나 '관계자 외 출입 금지'라고 쓴 곳에는 들어갈 수 없다. 백화점의 사무실에는 더더욱 들어가볼 수 없다. 백화점에도 닫힌 구조는 있는 것이다. 박물관은 철저하게 닫힌 구조다. 나는 전시된 물건에 절대로 손을 대서는 안 될 뿐 아니라 전시품은 아예 유리장에 폐쇄된 채로 진열돼 있고 보안 장치도 돼 있다. 박물관의 사무실은 물론이고 수장고에는 절대로 들어갈 수 없다. 박물관의 수장고는 관장조차도 마음대로 열어볼 수 없다. 군부대는 처음부터 닫힌 구조다. 용무가 없는 한 아무도 정문을 통과해서 속으로 들어갈 수가 없다.

　결국 소비자란 구조들을 닫힌 것으로만 체험할 뿐 그것을 열어서 속을 들여다보거나 구조를 바꿀 관심도 능력도 자격도 부여돼 있지 않은 불쌍한 사람이다. 그래서 소비자는 사물의 객체로만 남는다. 자신의 의지대로 다룰 수 있는 것이 없기 때문이다. 기계비평적 관심이란 사물의 닫힌 구조 속으로 파고 들어감으로써 소비자의 처지를 극복하고 사물의 주체가 되고 싶어 하는 욕구이다. 조춘만은 사진으로 산업 경관의 주체가 되고 싶어 한다. 그는 대부분의 사람들이 사물에 대해 무기력한 소비자의 처지에 빠져 있는 상태를 극복하고자 한다. 그는 생산물의 외관만 보여줌으로써 소비자들을 생산으로부터 소외시키는 당대의 흐름을 거스르려고 하는 것이다. 공장을 실용적인 엔지니어링이나 관리의 관점이 아니라 역사적이고 미적인 건축물의 역사로 다룬 『공장』(홍디자인, 2007)의 저자 질리언 달리는 공장을 사진 찍는 동기에 대해 다음과 같이 썼다. "공장 건물의 촬영은 지속적이며 강력한 형태의 선전 활동이면서 동시에 기업의 예술 장려라는 개념을, 그리고 그로부터 나오는 기업 스폰서십이라는 보상물을 지시했다." 조춘만의 경우는 이 세 가지에 다 해당하지 않는다. 그는 기업 연감을 위해 사진 찍지 않으며 기업체의 예술을 위해 찍는 것도 아니며, 어떤 기업도 그를 스폰서해주지 않는다. 대부분의 경우 사진을 못 찍게 할 뿐이다. 몇몇 기업은 예술 활동을 후원하기도 하지만 그들이 관심 있는 예술은 베를린 필하모니나 클레 같은 것이지 자신들의 산업 설비를 미적으로 보겠다는 사진가를 후원하는 식은 아니다.

　조춘만이 산업 설비를 찍는 식은 철저히 기계 중심이다. 그는 기계 외의 사람이나 자연 요소에는 관심이 없을 뿐 아니라 어떻게 해서든 사진의 프레임에서 빼버린다. 사람의 경우는 작업자들이 나오는 경우가 있지만 그것은 프레임에서 뺄 수 없는 경우, 혹은 사물의 스케일을 보여주는 데 간접적으로 도움이 되는 경우밖에 없다. 나무나 산 등의 자연물에 대해서 그는 더 가혹하다. 그는 이런 것들이 기계의 경관을 가리지 않는 곳을 찾아 무척이나 많은 험한 곳들을 쏘다녔다. 왜 살아 있는 것들의 모습은 기계와는 어울리지 않는 걸까? 그것은 사물의 질서가 다르기 때문이다. 기계들은 대부분 직선으로 돼 있다. 설사 곡선이 있다고 해도 철저히 계산된 것이지 산의 능선이 자연스럽게 뻗어나가듯 불규칙한 식은 아니다. 기계를 이루는 구성 요소는 대부분 금속이다. 이것은 생물체를 이루는 단백질 등의 물질과 너무나 거리가 멀다. 금속의 번질거리고 튼튼하고 강력한 구조미와 질감은, 무질서해 보이고 약해 보이는 자연물의 질서와는 너무나 어울리지 않는다. 조춘만은 이제 인간은 더 이상 산업으로 가득 찬 이 세상에 필요가 없다는 듯 무모할 정도로 자신의 사진에서 생물체의 그림자를 지운다. 그렇게 된 첫째 이유는 무엇보다도 오늘날 산업 현장에 사람이 없기 때문이다. 조선 공업은 노동집약적 산업이므로 예외적으로 사람이 많지만 건조 중인 선박이나 해양 설비가 워낙 크기 때문에 사람의 존재는 사진 속에서 눈에 띄지도 않는다. 경관 속에서 중요성을 띠지 않음은 말할 필요도 없다. 이런 정황은 겸재 정선의 「금강산도(金剛山圖)」 등 옛 회화에서 사람이 아주 작게 묘사된 것과 흡사하다. 설사 사람이 나온다 해도 눈코입이 온전하게 그려져 있지 않고 몇 번 안 되는 붓질로 간결하게 묘사돼 있기 때문에 그것은 인격체를 가지고 뭔가를 하고 있는 인간이 아니라 금강산의 거대한 바위와 산세에 비해 한없이 보잘 것 없는 존재일 뿐이다. 위대한 금강산에 비하여 사람의 존재 가치가 무슨 의미가 있느냐고 역설하는 것 같다. 자연의 숭고미 앞에서 인간 주체란 별 볼 일 없는 것이다.

조춘만의 중공업 사진이 그렇다. 각종 탑과 크레인, 굴뚝과 파이프들이 하늘을 점령하고 있는 그의 사진은 흡사 겸재의 걸작 「만폭동도(萬瀑洞圖)」를 보는 것 같다. 이 그림에서 겸재는 붓질을 몇 번 쓰고 있지 않다. 소나무 줄기는 딱 한 번 내리그은 굵은 선으로 그렸고 소나무 가지도 한 번이나 두 번의 붓질로 그렸다. 바위 하나당 붓질은 기껏 해야 세 번 정도 했다. 그가 「인왕제색도(仁王霽色圖)」를 그릴 때 바위의 색과 무게를 나타내기 위해 먹을 여러 번 칠한 적묵법(積墨法: 먹을 쌓듯이 그리는 방법)도 여기서는 쓰고 있지 않다. 덕분에 「만폭동도」는 순수하게 회화적인 붓 터치가 생생하게 살아서 매우 역동적인 화면을 만들고 있다. 이 그림에 나오는 소나무들은 다 비스듬히 기울어져 금방이라도 쏟아져 내릴 것 같고, 그것을 떠받치는 바위들 사이로는 계곡물이 힘차게 흐르고 있어서, 일순간에 모든 것이 쓸려 내려갈 듯이 위태롭고도 스릴 있는 분위기를 만든다. 화면 상단의 바위들은 간결한 선으로 그려져 있기 때문에 골계미가 충분히 살아 있으며, 수직으로 쭉쭉 뻗어서 있는 바위들은 하단의 위태로운 소나무나 바위들과는 좋은 대조를 이룬다. 세 명의 유산객들은 화면 아래쪽의 물이 힘차게 흐르는 경사진 바위 위에 서 있는데, 매우 위태로운 모습이다. 그나마 몇 번 붓질을 쓰지 않고 그렸기 때문에 구체적인 모습은 볼 수 없고, 그저 간신히 사람이라는 것만 암시해놨을 뿐이다. 조춘만의 사진에 나오는 사람이 딱 이와 비슷하다. 거대한 크레인과 굴뚝들은 겸재 그림 속의 바위들처럼 공간을 지배하며 우뚝우뚝 솟아 있다. 각종 파이프라인들은 계곡 물의 흐름처럼 역동적으로 굽이친다. 겸재 그림 속의 사람들이 인격체로 나타난 것이 아니라 그저 금강산에 사람이 왔었노라고 말해주는 최소한의 기표인 것처럼, 조춘만 사진 속의 작업자들은 공장에도 사람이 좀 있더라는 단순한 사실만을 말해주고 있을 뿐이다.

조춘만의 사진에 사람이 나오지 않는 또 다른 중요한 이유는 그간 산업 사진에 나온 사람의 표상이 너무 허위적이었기 때문이 아닐까 싶다. 산업 사진 속의 노동자는 항상 건강하고 굳건하고, 언제나 얼굴에는 긍정적인 웃음이 서려 있다. 그리고 소위 '산업의 역군'이라는 좋은 말로 포장돼 있었다. 그렇게 행복한 노동자들이 왜 1987년 울산 현대중공업에서 사제 대포를 만들어 진압 경찰에게 볼트를 쏘고, 배에 두껍게 도장된 페인트를 벗겨내는 무시무시한 기계인 샌드 블라스트를 쏴가며 치열하게 투쟁했을까. 허위적인 것 말고 산업 경관에서 사람이 나타날 수는 없는 것이었을까. 그래서 조춘만은 사람의 이미지를 빗겨 간다.

아니면, 그의 사진에서 생물체나 유기체가 나오지 않는 전혀 다른 이유가 있는지도 모른다. 울산의 공장들을 보면 기계가 살아 있다는 느낌이 든다. 엄청난 에너지를 흡수하여 원료를 삼키고 제품을 토해내니 살아 있는 괴물이 아니고 무엇이랴. 울산은 산업이라는 괴물의 생명력이 사람이나 나무의 생명력을 압도하는 곳이다. 공장을 플랜트라고 부르는 이유는 식물처럼 자라기 때문이 아닐까. 혹은 식물보다 더 왕성하고 강력하게 자라기 때문이 아닐까.

유기적 생명체는 배제한 채 산업적 생명력의 밀도를 강조하기 위해 조춘만은 항상 장초점 렌즈를 써서 풍경을 압축하고 잘라낸다. 그래서 그의 사진에는 빈 공간이 거의 없다. 그는 광각렌즈를 써서 공장 전경을 보여주는 식으로 사진 찍지 않는다. 그는 전체 광경을 장대하게 보여주는 홍보 사진의 어법을 철저하게 피하고 있다. 그의 사진은 전혀 선원근법적이지 않다. 거기에는 인간적 정서가 끼어들 틈이 없다. 홍보 사진이 선원근법적으로 돼 있는 이유는 보는 사람에게 사진의 공간 속으로 들어갈 수 있다는 착각을 심어주기 위해서다. 사진은 2차원의 평면이지만 선원근법적으로 꾸며진 공간은 3차원이라는 허상을 만들어내어, 보는 이가 그 안에 들어가 공간을 체험할 수 있을 듯한 허상을 만들어낸다. 사진을 보는 이는 그런 허상 공간 속에서 사진 속에 묘사된 것들과 동일시를 하게 된다. 즉 사진 속에 있는 도시 속으로 들어가 길거리를 뛰는 사람과 같이 뛸 수 있다는 착각을 하게 되는 것이다. 이게 사진이 풍경을 묘사하고 행사장을 묘사하여 우리들에게 감동을 준 원천이다. 즉 사진을 통한 감동의 원천은 허상에 기초를 두고 있었던 것이다. 회화에서는 선원근법에 의한 허상의 공간이 500년간 내려오다가 19세기말 세잔느 같은 화가에 의해 깨지기 시작했다. 그가 테이블을 삐딱하게 그린 것은 이제 그림의 공간에 들어와 있다는 착각에서 벗어나 그림을 그림으로 봐달라는 주문이었다. 그런데 회화를 능가한다는 첨단 매체인 사진이 21세기에 들어서도 여전히 선원근법에 묶여 있다는 것은 참으로 아이러니한 일이다. 음악으로 치면 통속 음악에 해당할 홍보 사진이 대중들에게 쉽게 어필할 수 있는 선원근법에 의존하는 것은 당연한 일이다. 그런 식의 시각

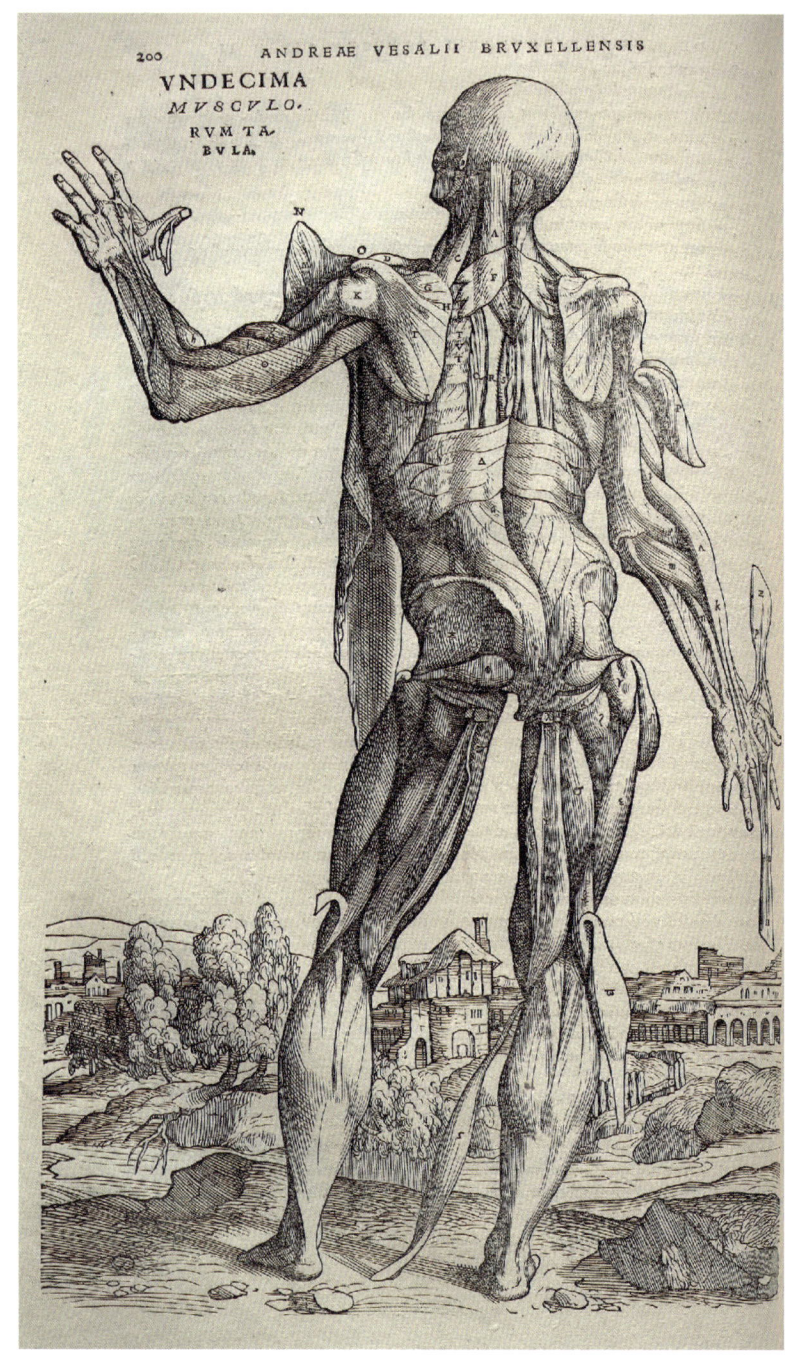

6 베살리우스의 『인체 구조에 관하여』에 실린 인체 해부도, 1543년

어법을 조춘만이 쓰지 않는 것도 당연한 일이다. 조춘만이 만들어내는 사진 속의 공간은 전문가나 당사자가 아니고서는 무엇인지 알아볼 수 없는 설비들로 가득 차서 최대한 삭막한 곳이다. 그것도 대부분 강철로 돼 있기 때문에 여기서 인간적인 감정을 느낀다는 것은 거의 불가능해 보인다.

여기서 조춘만은 기존의 사진이 하지 않았던 것을 한다. 그것은 산업에 대한 풍부하고 정확한 시각적 표상을 만드는 것이다. 그런 점에서 조춘만의 사진은 산업 홍보나 프로파간다보다는 디드로의 『백과전서』에서 시작하는 근대산업 초창기의 그래픽을 닮았다. 그것은 인간적 담론의 탈을 쓰지 않고 곧바로 사물의 세계로 접근하여 산업이라는 괴물의 광기를 그대로 받아들이려는 시도다. 혹은, 조춘만의 시도는 최초로 정확한 인체 해부도를 작성한 의사 베살리우스를 닮았다. 수많은 인체 해부를 통해 인체를 이루는 각 기관의 역할을 파악한 해부도는 목판에 새겨져 그의 주요 저서인 『인체 구조에 관하여(De humani corporis fabrica libri septem)』(1543)에 실렸다.(도6) 베살리우스는 『파브리카(Fabrica)』라고 알려진 이 획기적인 저서에서 그의 모든 과학적, 미적 재능을 보여주었다. 『파브리카』는 그 이전의 어떤 책보다도 인체 각 부분에 대해 정확하게 묘사했으며, 그림도 매우 아름다웠다. 그것은 사물의 질서를 미화하지 않고 있는 그대로 보여주는 데서 오는 아름다움이었다. 조춘만은 산업 경관을 해부하듯이 세부로 철저히 다가간다. 그 결과는 베살리우스의 『파브리카』에 버금가는 21세기 한국 중공업의 해부도다. 해부도가 어떻게 보면 징그럽지만 어떻게 보면 아름답듯이, 조춘만의 사진은 어떻게 보면 삭막하지만 어떻게 보면 아름답다.

그간 한국에 이런 이미지가 없었던 이유는 산업이라는 괴물이 너무나 삭막하고 살벌하고 초인간적이어서 그대로 받아들이기가 부담스러웠기 때문이다. 조춘만은 그 괴물을 피하지 않는다. 그는 괴물을 더 괴물스럽게 사진으로 받아들여 괴물의 감각 속으로 들어간다. 건축 사진에서 하듯 수직선은 어떤 일이 있어도 수직선으로 세우고, 형태는 왜곡시키지 않고, 강철의 질감은 최대한 생경하게 묘사하여 사물이 사진 속으로 쳐들어오도록 한다. 그러나 조춘만은 전체를 담지는 않는다. 광활하고 복잡한 조선소나 석유화학 공장의 전체를 담는다는 것은 어차피 가능하지도 않을뿐더러, 전체를 보여준다고 해도 그것을 파악할 수 있는 사람은 거의 없다. 아마 현대중공업의 회장 같은 이밖에 없을 것이다. 그도 엔지니어링의 전문가는 아니므로 자기 공장의 모든 세부를 속속들이 꿰고 있으면서 전체를 파악할 수는 없을 것이다. 전체를 포기하는 대신 조춘만이 강조하는 것은 딱 하나, 밀도다. 산업의 밀도, 물질의 밀도, 선과 공간의 밀도 등 다양한 차원에 걸쳐서 나타나는 밀도다. 그렇다면 밀도는 산업 경관을 대표할 수 있는 전능한 힘을 가진 개념인가? 당연히 그렇지 않다.

사진가가 묘사할 수 있는 산업의 본질은 길이 400미터, 1만 9000티이유(teu) 급 컨테이너선의 종강도와 횡강도를 유지하는 공학 기술이 어떤 것이고 원유를 정제해서 고급 휘발유를 생산할 때 황 성분을 최대한 제거하는 기술은 어떤 것인가 하는 것이 아니다. 그런 것들은 엔지니어링 전문가의 몫이다. 사진가는 딱 하나만 붙잡고 산업의 본질에 파고든다. 조춘만이 잡은 것은 밀도다. 그렇다고 공간적 밀도만 붙들고 있는 것은 아니다. 그는 산업 경관의 금속성 질감의 밀도, 화학 공장의 파이프라인을 이루는 흐름들의 밀도에 주목한다. 즉 산업이 이룩한 다양한 차원의 밀도들에 주목하는 것이다. 그가 쓰는 장초점 렌즈는 그런 밀도를 잡아내기에 아주 좋은 수단이다. 지나친 밀도가 일상을 파고들면 짜증이 난다. 버스나 지하철에 사람이 너무 많을 때처럼 말이다. 그러나 거리를 두고 일상의 스케일을 초과한 거대한 밀도를 보다 보면 미적인 쾌감이 생긴다. 그것을 사진으로 찍으면서 조춘만은 밀도를 관조할 수 있게 된다. 그러면 밀도를 뿜어내는 괴물을 다룰 수 있게 된다. 선원근법을 벗어난 사진 속에서 조춘만이 해내는 것은 우리를 산업의 밀도에 훈련시키는 것이다.

이것은 「보들레르의 몇 가지 모티브에 대하여(On Some Motifs in Baudelaire)」에서 발터 베냐민이 현대 생활에서 시인이 마주 대하고 있는 충격 체험에 대해 묘사한 것과 좋은 대조를 이룬다. 보들레르가 살던 19세기 말의 파리는 현대 도시의 충격이 사람의 얼을 빼놓던 곳이다. 베냐민은 서정시인 보들레르가 어떻게 근대 도시의 충격에 맞서 익숙해지려고 고군분투했는지 묘사했다. 인간의 감각을 파편화해 버리는 충격 앞에 서정시라는 것은 무기력해 보였기에, 급격한 전환의 시기에 보들레르는 그 문제를 어떻게 다루는지 관심이 있었기 때문이다. 결국 베냐민에게 충격을 작동 원리로 삼는 시각 매체는 사진이었다. 보들레르가 예술이 되려는 사진에 대해 사물의 외관을 복사하는 일에나 만족하라고 타이른 것은 사진이 가져온 시각의 충격에 대해 거리를 두기 위해서였던 것 같다. 이제 온갖 충격에 적응하여 감각이 무뎌진 21세기의 인간에게 화두는 밀도다. 사회는 점점 고밀도 집적 회로를 닮아간다. 컴퓨터 메모리가 몇 기가의 용량에 이르렀다는 것은 눈에 보이지 않을 정도의 작은 공간에 엄청난 반도체 소자들을 때려 넣는다는 것을 의미한다. 울산의 산업은 거시적인 차원에서 고밀도 집적 회로의 확장판이다. 울산이라는 한정된 공간에 점점 더 밀도가 높은 설비들이 들어서고 있다. 고밀도 집적 회로는 현미경을 통해서만 보고 조립할 수 있듯이, 오늘날 산업의 밀도는 인간의 감각을 추월해버린 지 오래다. 조춘만은 밀도를 강조하는 사진을 통해 산업의 밀도에 맞선다. 아니, 밀도라는 괴물을 다룰 수 있는 것으로 만든다. 조선 공학이나 석유화학의 전문가가 아닌 사람에게 조춘만의 사진에 나오는 설비들은 그냥 난해한 세계일 뿐이다. 즉 파악이나 동일시가 불가능한 밀도인 것이다. 조춘만의 사진은 그런 밀도들을 하나의 미적 체험으로 전환하여 어느 정도는 편하게 볼 수 있도록 만들어준다. FPSO가 뭔지 몰라도 좋다. 다만 오늘날의 산업이 저런 괴물스런 밀도의 세계라는 것만 관조할 수 있으면 된다.

산업의 밀도, 강철의 밀도를 봄으로써 조춘만의 사진이 지향하는 것은 무엇일까? 두 가지를 얘기해볼 수 있겠다. 첫째는 물질의 의미를 상기시키는 것이다. 오늘날 산업의 주역은 단연 디지털이다. 돈 버는 회사는 구글이나 페이스북처럼 디지털 인터페이스를 통해 눈에 보이지 않는 가치를 추구하는 회사들이다. 강철을 자르고 붙여 거대한 구조물을 만드는 회사는 좀 미련해 보인다. 하지만 이게 바로 『피시 스토리(Fish Story)』에서 앨런 세큘라가 불평했던 것이다. 그는 전 세계의 해양에서 벌어지는 다양한 노동을 관찰하고서, 오늘날 (정확하게 말하면 그 책이 출간된 1995년) 디지털이 모든 산업의 중심에 서게 되면서 이 세상을 채우고 있는 물질에 대해서 사람들이 더 이상 신경을 쓰지 않는다고 불평했었다. 산업에서도 무식하게 물질을 다루는 것보다 컴퓨터 프로그램이나 앱을 개발하는 것이 새로운 세계의 감각에도 맞고 돈을 벌어주니 그럴 만도 하다. 세큘라의 불평은 반은 맞고 반은 틀린 것이었다. 우선 틀린 것부터 얘기하자면, 오늘날 디지털의 지령 없이는 물질은 움직일 수 없다. 그게 철광석이건 최신 UHD 티브이건 말이다. 모든 물질의 이동은 디지털 시스템으로 기록되고 관리된다. 세큘라는 이런 추세를 애써 무시하려고 애썼으나 이미 세계의 대세는 디지털이다.

세큘라가 맞은 부분은, 그러나 그가 상상한 대로 맞은 것은 아니었는데, 오늘날 디지털도 엄청난 물질의 서포트 없이는 존재할 수 없다는 것이다. 디지털 정보는 0과 1의 조합을 기초로 한다. 글이건 사진이건 동영상이건 0과 1의 무수한 조합일 뿐이다. 따라서 이런 데이터만 있으면 물질이 없어도 될 것 같다. 만일 머리가 엄청나게 좋은 사람이 용량이 1메가인 사진 한 장을 이루는 0과 1의 조합, 즉 100만 개의 조합을 외울 수 있다면 그는 기억만으로 한 장의 사진을 완벽하게 재현해낼 수 있다. 하지만 그게 불가능하니까 우리는 USB, 외장하드, 램 등 각종 메모리 장치들을 쓰는 것이다. 구글이나 페이스북에 올라와 있는 그 많은 데이터들도 역시 허공에 떠 있는 것이 아니다. 클라우드는 이름일 뿐이다. 미국의 산속 깊은 곳에는 구글과 페이스북의 데이터 센터가 철통 보안 속에 자리 잡고 있는데, 그것은 디지털 데이터가 존재하려면 얼마나 물질에 의존해야 하는지 잘 보여주는 사례이다. 그들의 데이터 센터는 결국은 수많은 서버들이 병렬로 연결돼 있는 대규모 전산실이다. 서버들은 열심히 작동하면 열이 난다. 반도체는 열에 약하므로 식혀줘야 한다. 데이터 센터는 용량이 엄청나기 때문에 적당히 식혀줘서는 안 된다. 그래서 이런 곳들은 매우 무식하게도 수랭식으로 회로를 냉각하고 있다. 우리가 타고 다니는 자동차의 엔진을 식히는 그 방식 말이다. 이런 식으로,

오늘날 어떤 디지털 데이터도 물질의 기반이 없으면 존재하지 않는다. 세큘라가 포스트모던 세계에서 물질의 간과를 얘기했을 때 이런 맥락을 얘기한 것은 아니었지만 아무리 세상이 얍삽한 디지털 중심으로 돌아간다고 해도 물질을 간과할 수는 없는 것이다.

조춘만의 사진은 바로 이 점을 우리에게 상기시킨다. 강철은 우리 생활 속 여기저기 들어와 있지만 자신의 존재를 감추고 있다. 대부분의 강철재들은 페인트칠이 돼 있어서 겉으로는 강철로 보이지 않기 때문이다. 건축에서는 노출 콘크리트라는 것이라도 있지만 엔지니어링에서 노출 강철이라는 것은 없다. 무엇보다도, 강철은 노출돼 있으면 금방 녹이 스는 슬픈 운명 때문에 항상 페인트 옷을 입고 있어야 한다. 그래서 우리 삶의 대들보인 강철은 노트르담의 꼽추처럼 자신의 모습을 감추고 있다. 그러면서 우리는 디지털 데이터만 잘 다루면 이 세상이 잘 돌아갈 거라 생각한다. 그런 우리들에게 조춘만의 사진은 강철을 들이민다. 그는 강철의 복잡하고 삭막한 구조와 밀도를 우리에게 들이민다. 그러나 강철을 잊지 말라는 그의 메시지마저도 삭막한 것은 아니다. 그의 사진 속 물질의 밀도는 너무 극단적이어서 오히려 아름답다. 이제 강철이라는 야수는 그의 사진 속에서 미녀로 태어난다. 하지만 사물의 광기마저 무뎌진 것은 아니다. 우리들 표상과 담론 너머에서 무겁게 뿜어 나오는 빛이 사물의 광기이다. 우리는 그 광기가 무서워서 강철에 페인트를 칠하고 아름답게 포장해왔던 것이다.

조춘만의 사진을 통해 강철이라는 물질에 다가간다는 것은 두 번째 의미를 띤다. 그것은 소비자인 우리가 잊고 있는 생산의 고향을 본다는 것이다. 요즘 기계의 고향은 따스한 사람의 품이 아니라 또 다른 기계이다. 하나의 기계를 만들려면 기계를 깎고 다듬는 공작기계가 필요하다. 공작기계를 만드는 부품은 또 다른 공작기계가 만든다. 이렇게 공작기계를 계속 거슬러 올라가보면 그 끝에 인간이 있는 것이 아니라 공작기계의 연속과 산업의 패러다임이 있을 뿐이다. 그런데 이런 과정도 우리에게는 보이지 않는 폐쇄된 구조 속에 있다. 우리는 소비하면서 생산으로부터 소외돼 있다. 우리들이 쓰는 소비품이 어디서 어떻게 생산되는지 알지도 못하고 볼 수도 없다. 게다가 생산에 참여한다는 것도 원초적으로 불가능하다. 참여는커녕 피드백도 불가능하다. "요즘 쓰는 전동 칫솔의 손잡이 원료인 폴리머의 탄소분자 배열에 좀 문제가 있는데 해결해주세요"라는 식의 피드백은 소비자로서는 할 수가 없는 것이다. 우리를 위해 있는 생산에 우리가 참견할 수도 없고 우리들 삶의 과정으로 끌어들일 수 없는 것, 그것이 생산의 소외다. 조춘만의 사진은 소외 너머에 있는 바로 그 생산을 보여준다. 그것은 소비자인 우리들에게 우리 존재의 기초인 사물들이 어디서 왔는지 보여주는 것이다. 그런데 그 고향은 푸근하고 따뜻한 것이 아니라 살벌하다. 하지만 오랫동안 소외돼 있던 생산의 풍경이 당장 푸근하게 다가올 거라고 기대하면 그것도 지나친 것 아닌가? 수십 년 만에 만난 어머니의 얼굴을 알아볼 수 없듯이, 우리는 생산의 고향을 만나고서도 정작 반가워하지 않는다. 조춘만은 기계 사물의 이미지를 억지로 미화하여 고향으로 꾸미지 않는다. 산업의 밀도를 우리들 앞에 던져놓을 뿐이다. 어차피 선원근법적으로 조화롭게 돼 있지도 않은 세상, 삭막하면 어떤가? 우리가 살아가는 일상의 밀도를 생각하면 산업의 밀도와 강철의 삭막함은 오히려 잊고 살았던 우리 시대의 근본 정서가 아닌가?

그렇다면 밀도가 산업의 전부인가? 조춘만의 사진은 산업의 긴장을 통해 사진 영역에만 국한하지 않는 문제를 다루고 있다. 그의 사진은 오늘날 기계를 다루는 예술가들이 왜 실패하고 있는가 하는 문제에 대한 답을 준다. 기계를 직접 만드는 작가들은 금속을 깎아서 기어도 만들고 모터도 달아서 돌아가게 만드는데 그 메커니즘은 실제의 기계에 비해 어설퍼 보인다. 왜냐면 실제의 기계는 그것이 연필깎이건 경주용자동차 엔진이건 기계가 작동하는 객관적 현실을 냉정하게 버텨내야 하는데 반해, 예술가들이 만든 기계에는 그런 조건이 걸려 있지 않기 때문이다. 부하, 열, 진동, 부식, 물리적 스트레스 등 온갖 악조건들이 기계에 걸린다. 어떤 기계든 자신의 수명 안에서는 그런 악조건들을 버티며 작동해줘야 한다. 그런데 예술가들이 만든 기계는 그런 필요성을 견딜 필요가 없다. 그것들은 전시장 안에서 돌아가는 시늉만 하면 되므로 어설픈 모양을 하고 있다. 관람객의 눈에는 그것들이 신기한 기계로 보일지 몰라도 기계비평가의 눈에 그것들은 어설픈 기계 모조품일 뿐이다. 그것도 충분치 않다는 듯이, 예술가는 자신의 어설픈 모조 기계에 또 하나의 실패 요인을 추가한다. 그것은 '인간적인' 요인이다. 그것은 전혀 필연성을 가지고 있지 않은, 쓸데없이 구불구불한 어설픈 곡선으로 된 형태인 경우도 있고, 기계가 따스한 인간의 마음을 표현하려고 어설프게 나서는 경우도 있다.

그런데 이런 실패가 전적으로 예술가의 잘못은 아니다. 실제의 기계가 가지고 있는 아주 중요한 본질적인 측면을 예술로서의 기계는 절대로 구현해낼 수 없기 때문이다. 그것은 바로 긴장이다. 인간의 심리적 현상으로서의 긴장감이 아니라 물체들 간에 생겨나는 객관적 현상인 긴장 관계를 말하는 것이다. 테크놀로지의 핵심은 긴장이다. 아무리 하찮은 기계라도 긴장을 견뎌야 한다. 머리핀은 머리칼의 두께와 압력을 버텨낼 정도의 강도와 굵기의 쇠로 돼 있다. 머리핀이 머릿결과의 물리적 긴장을 버티지 못하면 머리 모양이 엉망이 된다. 자동차엔진의 긴장은 폭발력, 고속 회전의 마모와 진동, 연료와 윤활유의 소모 등 많은 국면에서 일어난다. 이 긴장들을 버티지 못하면 엔진은 터져버린다. 그렇다고 긴장으로부터 자유롭게 하기 위해 지나치게 튼튼하게 만들면 비용과의 긴장을 버티지 못한다. 선박이나 비행기같이 훨씬 가혹한 조건에서 작동하는 기계의 긴장은 바다와 하늘이라는 천변만화하는 초현실적인 힘의 공간을 버텨야 하는 데 있다. 선박의 구조물들은 선체나 갑판은 물론이고 조명 기구나 창문 잠금쇠 같은 부속품들도 대단히 튼튼하게 만들어져 있는데, 바다에서 험한 파도를 한 번이라도 겪어보면 왜 그런지 알 수 있다. 공기가 대단히 희박하고 기온이 대단히 낮은 곳을 고속으로 나는 항공기의 긴장은 말할 필요도 없다. 여객기의 구조는 덤프트럭의 구조보다 훨씬 강도가 세다. 덤프트럭보다 훨씬 가혹한 조건에서 작동해야 하기 때문이다. 가끔 피로 균열을 일으켜 비행 도중 동체나 날개가 쪼개진 항공기들을 보면 하늘이 매우 가혹한 곳임을 알 수 있다. 3000톤 해상 크레인이 물건을 들고 있을 때의 긴장은 상상을 초월한다.

엄청난 무게를 버티는 구조물과 케이블과 호이스트의 조화가 그 긴장을 버텨내고 있을 뿐이다. 그것이 겉으로 평온해 보이는 이유는 긴장이 평형 관계에 있기 때문이다. 그게 깨지면 파국이 온다. 혹은 소리 없이 쌓인 피로 균열이 갑자기 파국을 부른다. 인간은 결코 이런 사물의 긴장의 주체가 아니다. 인간은 그 긴장의 틈바구니를 살짝 비집고 들어앉아 그것을 이용할 뿐이다.

이런 긴장 때문에 기계들은 낭비가 없는 형태를 하고 있다. 쓸데없이 두껍거나 얇거나 휘어져 있지 않다. 휜 경우는 다 그럴 이유가 있다. 항공기의 날개에 후퇴각이 괜히 있는 것이 아니며 콘크리트에 괜히 미리 스트레스를 주어서 프리스트레스트(prestressed) 콘크리트를 만드는 게 아니다. 기계의 긴장은 물리적 법칙에서 오는 것이므로 객관적이다. 그러나 예술가가 만들어내는 기계는 그런 물리적 법칙의 지배를 따르지 않으므로 형태와 재료는 자의적이고 긴장은 없다. 파나마렌코가 만든 날지 못하는 불구의 비행기들은 인간이 만든 테크놀로지의 구조물들이 그런 긴장을 버티기에는 처음부터 너무나 취약하다는 증언이다. 그의 비행기들은 구조상 처음부터 날 수 없게 돼 있다. 그것은 한 번도 땅을 떠나지 못하는 슬픈 비행기이다. 그것은 테크놀로지의 긴장이 제대로 조절돼지 않을 때 우리가 꿈꾸는 테크놀로지의 유토피아도 헛것이라는 경고이기도 하다.

그런 긴장을 견디기 힘든 예술가들은 자신들이 만든 기계에 인간적인 요소를 넣는다. 그것은 유기적인 형태이기도 하고 인간의 목소리이기도 하다. 그것들의 공통점은 실제로 필드에서 작동하는 테크놀로지가 아니기 때문에 어설프다는 것이다. 사실 그런 경향은 소비자들을 위한 제품을 만드는 산업 디자인에서도 보인다. 자동차는 그냥 달리는 기계가 아니라 편하고 매혹적으로 달려야 한다. 그래서 자동차에는 객관적일 수 없는 인간을 위해 그의 신체와 습관에 맞춘 온갖 편의 장치들이 있다. 핸들이나 기어 변속 손잡이는 손의 크기에 맞아야 하고 의자는 체형에 맞게 푹신하고 곡면으로 디자인돼 있어야 한다. 이런 요소들은 피스톤이나 브레이크에 비하면 훨씬 자의적이기는 하지만 인간의 편안함과 안전이라는 면을 무시할 수 없으므로 어느 정도는 객관적이다. 나무로 된 딱딱한 의자를 고급 승용차에 넣을 수는 없는 것이다. 예술가가 만든 기계에는 이런 정도의 객관성도 없다. 그것은 아무런 긴장도 없이 자의적으로 흐늘거리는 물체일 뿐이다. 물론 작품을 설치할 때 물리적으로 위험하거나 긴장이 있는 경우는 있다. 그러나 그 긴장은 예술이라는 테두리 안에서 벌어지는 일이므로 실제 기계의 그것에 비하면 훨씬 강도가 약하다. 그래서 기계를 만드는 예술가는 항상 실패한다.

조춘만의 사진은 테크놀로지의 긴장 앞에 그대로 노출돼 있다. 조춘만이 사진 찍은 시설들에서는 온갖 종류의 기계들의 긴장이 대기를 팽팽하게 메우고 있는 것이 느껴진다. 수도 없이 얽혀 있는 석유화학 공장의 파이프라인은 압력을 견디지 못하면 터져버릴 것이다. 파이프라인을 일부러 구부러지게 설치하는 경우가 있는데 그 안을 흐르는 액체의 압력이 너무 세지는 것을 막기 위해서이다. 또 어떤 볼 탱크 주위에는 온도가 너무 높아질 경우 폭발의 위험이 있어서 물로 식혀주기 위한 파이프가 설치돼 있는 것을 볼 수 있다. 이런 것들이 화학과 압력의 긴장이라면 조선소의 긴장은 전적으로 강철 구조물이 바다라는 가혹한 환경을 버틸 수 있는가 하는 문제이다. 대형 선박의 선체가 아무리 강해도 파도의 반복되는 운동에 걸려들면 위아래로 흔들리다가(이를 새깅과 호깅[sagging and hogging]이라고 한다) 마침내는 두 동강 나고 만다. 액화천연가스를 가득 실은 LNG선의 탱크 속에서 액화천연가스는 파도에 이리저리 흔들리며 탱크의 벽을 흔들어댄다. 액화천연가스는 온도가 영하 173도이기 때문에 탱크 벽의 강도를 떨어트린다(금속은 적정 온도보다 높거나 낮으면 강도가 약해진다). 탱크가 터지는 것을 막기 위해 인바(invar)라는 특수한 합금을 쓰고 중간에 나무로 내냉재를 쓴다. 그리고 탱크는 온도 차이에 따른 축소 팽창에 견디도록 주름지게 디자인돼 있으며 그것은 플라즈마 용접으로 만든다. 이런 기계들에 걸려 있는 긴장은 말로 다할 수 없다.

그런 산업 시설을 홍보하는 영상이 광각을 많이 쓰는 이유는 테크놀로지의 긴장을 조금이라도 덜어 인간적인 경관으로 보여주기 위해서다. 광각렌즈를 쓰지 않는 조춘만은 산업 경관을 인간을 위해 부드럽게 만들 생각이 조금도 없다. 그는 오히려 산업 기술의 긴장을 사진 속에서 증폭시키고 있다. 더군다나 그는 사진의 프레임에 공장 시설을 꽉 차게 찍기 때문에 객관적인 구조물의 긴장은 심리적이고 시각적인 긴장감으로 전이된다. 그런 기계에 어떤 것은 마음대로 빼도 되고 어떤 것은 크기를 줄여도 되는 자의적인 면은 거의 없다. 모든 기계들은 환경에 버텨야 하고 비용이 맞아야 하는 최적의 조건으로 설계되고 시공돼 있다. 조춘만의 사진은 바로 그 긴장 때문에 힘을 얻고 있다.

사실 우리는 운동경기를 볼 때 그런 긴장을 즐기고 있다. 운동선수는 상대를 이기기 위해 온몸의 근육이 팽팽하게 긴장하고 눈에도 긴장이 서려 있을 때 제일 아름답다. 경기가 끝나고 평상복으로 갈아입고 인간적인 모습으로 인터뷰할 때보다 더 아름다운 것이다. 조춘만의 사진에 나타난 테크놀로지의 긴장도 그런 것이다. 석유화학 공장의 파이프 크기와 재질은 전적으로 긴장의 산물이다. 선박의 모든 부분들의 모양과 철판 두께도 전적으로 긴장의 산물이다. 긴장을 완화하기 위해 지나치게 두껍게 만들면 긴장은 사라지고 시각적으로도 흥미롭게 다가오지 않을 것이다.

앞으로 나타날 역사: 미래 유산으로서의 사진

에펠탑을 세운 귀스타브 에펠은 에펠탑을 세우는 과정에 대한 귀중한 기록을 남겼다. 그는 에펠탑을 세우는 데 사용한 모든 도면과 사진들을 한데 모아 『에펠탑(The Eiffel Tower)』(1900)이라는 책으로 냈다. (도7) 40×65센티미터의 큰 판형 속에 에펠탑의 상세한 도면과 사진들이 편집돼 있는 모습은 산업미의 장관이다. 도면은 실제 공사에 사용됐던 것으로, 그 세부들을 읽노라면 에펠탑 공사 현장에 와 있는 착각이 든다. 사진들은 에펠탑이 올라가는 단계들을 세세히 기록하고 있어서 좋은 정보가 될 뿐 아니라 멋지고 아름답다. 놀라운 것은 에펠 자신이 사진과 도면을 모아서 이 책을 직접 편집했다는 사실이다. 『에펠탑』은 산업 경관을 보여주는 책 중에는 최고라고 할 수 있다. 앞에서 언급한 마거릿 버크화이트나 윈스턴 링크는 자신의 관심을 위하여 어떤 범주

7 베르트랑 르무엔이 다시 편집해 출간한 『에펠탑』, 파리: Taschen, 2006년

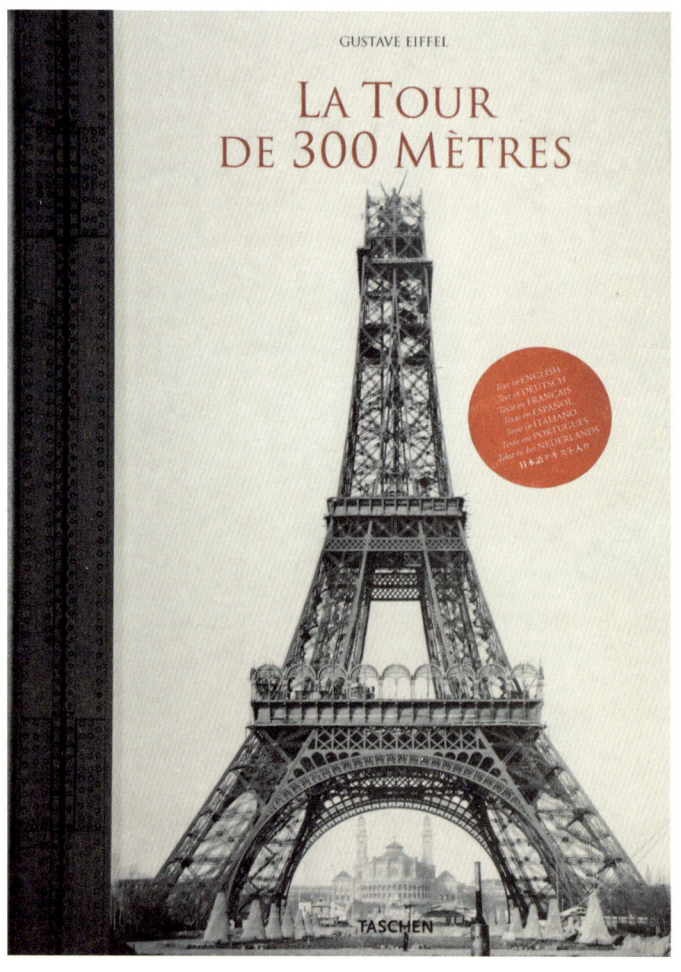

안의 다양한 모델들을 사진 찍은 반면, 이 책은 에펠탑이라는 단일한 대상에 대한 기록들을 모았기 때문에 대단히 흥미롭고 소중하다. 이 책을 보면 상암 월드컵 축구장 건설 때의 일화가 생각난다. 상암 경기장 근처 아파트에 살던 어떤 주민은 경기장 건설 과정을 매일같이 몇 년간 사진으로 찍어놓았다. 다만, 그 사진들은 공개가 안 됐기 때문에 어떤 식으로 얼마나 잘 찍은 것인지는 알 수 없다. 그 사람은 상암 경기장을 세운 건설사에 그 사진을 사라고 제안했으나 그 회사는 거절했고 그 사진들은 비싼 돈에 영국의 감리 회사에 팔렸다는 것이다. 한국 기업들은 아직도 사진 기록의 중요성을 알지 못한다. 『롯데월드 건설지』(주식회사 호텔롯데, 롯데쇼핑주식회사, 롯데잠실 건설본부 공편, 1990, 비매품)가 거의 유일한 기록일 것이다. 716쪽에 달하는 이 책은 롯데월드 건설 과정에 사용된 도면들과 사진을 세세하게 수록하고 있어 귀중한 산업 역사의 기록이 되고 있다. 하지만, 이런 현상은 예외일 뿐이다. 이제 애니콜이나 포니 승용차를 아무도 찾지 않듯이, 한국의 산업은 쉽게 잊어먹는 속성이 있다.

    지금 우리에게 주어져 있는 산업 기록사진은 신화화됐거나 프로파간다화된 것밖에 없다. 그런 허위적 담론을 통해 산업 유산을 기억하는 것은 올바른 방식이 아니다. 무엇보다도, 그런 담론들은 사물을 사물로 보지 않고 다른 담론을 위한 구실로만 볼 뿐이다. 그런 사진들은 항상 앵글이 삐딱하며 사물을 직시하지 않고 있다. 그리고 항상 '인간 중심'이라거나 '미래 창조' 등의 클리셰로 범벅이 돼 있다. 산업의 생경한 물질을 그런 클리셰들로 발라버리는 이유는 산업이라는 괴물이 나를 마주보는 것이 두렵기 때문이다. 조춘만은 산업의 괴물을 똑바로 쳐다본다. 그의 사진 속 어떤 것도 우리에게 친절하게 다가오지 않는다. 강철은 생경하고 구조물은 어지러울 만큼 복잡하다. 도대체 폴리프로필렌이 무엇에 쓰는 것이며 FPSO는 어디에 쓰는 것인지 알 수는 없는데 그런 설비들은 울산의 하늘을 가득 메우고 있다. 그것들이 괴물인 이유는 정체는 알 수 없는데 하늘을 찌르는 엄청난 규모로 대지에 버티고 서 있기 때문이다. 그래서 조춘만의 사진을 보면 왜 이렇게 비인간적인 풍경을 추구하는 걸까 궁금해질 수 있다.

하지만 그것은 '인간적'이라는 것을 새롭게 정의하라는 요구가 아닐까? 그 요구가 무리스러운 만큼 조춘만의 사진은 이제껏 어떤 사진도 하지 않았던 완전히 다른 시선을 탐색하고 있다. 우리는 '인간적'이라고 하면 우리의 육신에 한정해서 나타나는 실존과 그 감정, 그리고 거기 결부된 가치들을 생각한다. 그런 것들을 소중히 하는 것을 인간적이라 부르고 소중히 하지 않으면 비인간적이라 불렀다. 하지만 이제는 '인간적' 앞에 다른 말이 붙을 때다. '비' 대신 '탈'을 붙이면 인간적이라는 말의 굴레를 의외로 쉽게 벗어날 수 있다. 즉 인간이 중심이 되어 꾸며낸 이 세상의 가치들을 사물에게 돌려주는 것이다. 이 세상을 인간이 만들어냈고 인간이 책임져야 하며 궁극적으로 인간이 잘사는 세상이 돼야 한다는 생각에서 벗어나서, 인간과 사물이 어떤 관계를 맺고 살아가야 하는지를 고민해야 한다. 그러면 사고 방식이나 표상에서 인간의 비중이 대폭 낮아지면서 사물들이 존엄하게 보이기 시작한다. 이제껏 인간만이 세상의 주인이라고 여겼던 오만한 생각은 사라지고 인간이 어떻게 사물과 관계를 맺고 살아야 할지 고민하게 된다. 결국 산업은 사물과 물질이 인간을 위해 봉사하기 위해 있는 것이 아니라 인간이 이 세상의 물질들과 관계 맺는 양상일 뿐이다. 과학의 본질에 대해 사회학적으로 연구하고 있는 브뤼노 라투르의 개념으로 말하자면 인간이 사물과 관계 맺고 있는 행위자 연결망(Actor network)의 양상 중의 하나이다. 그에 따르면 인간만이 중요한 것도 아니고 사물만이 중요한 것도 아니다. 그 둘은 이러저러하게 관계를 맺고 있는데, 그 네트워크가 중요하다는 것이다. 그의 말은 조춘만의 사진을 염두에 두고 한 것 같다. 우리가 그의 사진을 보면서 산업미에 감탄할 때 이미 우리는 인간과 사물의 관계에 대해 새롭게 다가가고 있는 중이다.

지금의 역사 시대에는 인간과 사물이 '산업'이라는 양상을 띠고 있다. 생각해 보라. 1000년 전 산업이 없을 때 인간은 사물과 어떻게 관계 맺으며 살았는지를. 그때는 인간이 세상에서 제일 존엄하다는 계몽적 사상도 없었기에, 그리고 인간이 자연의 사물을 정복하고 개조할 수 있는 능력이 보잘 것 없었기에 자연과 공존하며 살았다. 천연 재해나 질병 등을 통해 수시로 자연에 당하기도 하면서

말이다. 산업 시대에 들어서 인간은 자연을 마음대로 할 수 있을 것같이 보인다. 그러나 아직도 인간은 자연에게 당한다. 산업이라는 틀을 통해 자연과 관계 맺고 있는 방식이 아직 불충분하기 때문이다. 따라서, 미래에는 '산업'이 아니라 완전히 다른 틀이 나타날지도 모른다. 그때가 되면 인간은 사물과 또 다른 관계를 맺고 살 것이다. 1000년 전에 산업이 없었다는 것은 1000년 후에 산업이 없을 수도 있음을 의미한다. 혹은 지금과 근본적으로 다른 산업이 있을 수도 있다. 어쨌든 그때에도 여전히 인간이 철광석을 캐내 제련하여 철을 만들고 그것을 자르고 용접하고 페인트칠을 하여 무언가를 만들어 쓰는 산업 문명이 계속 있을지는 누구도 알 수 없다.

1000년 후에 새로운 인간-사물의 관계 네트워크를 짜려면 뭔가 과거에 대한 참고 자료가 필요할 것이다. 그때 가면 조춘만의 사진이 필요할 것이다. 그러나 먼 미래를 생각할 필요도 없다. 지금의 조선소가 언제까지 세계 최고, 최대로 남으리라는 보장은 없다. 한국의 조선소들이 큰 덕분에 일본과 유럽의 조선소들은 몰락해야만 했다. 모든 것이 빨리 바뀌고 허물어지는 우리의 역사 시간 속에서는 어떤 것도 오래가지 않는다. 그러므로 기록은 먼 미래를 위해서가 아니라 당장 내일을 위해 필요하다. 초기 근대의 역사적 자료를 찾기 위해 일제가 남긴 자료를 뒤져야 하는 지금의 현실을 생각해보자. 당시 조선은 신통한 기록을 남기지 않았기 때문에 지금 와서 지배자들의 기록에 의존해야 한다. 이런 결핍의 역사가 언제까지 반복돼야 하는 걸까? 조춘만 덕분에 우리는 최소한 산업미에 대해서만은 기록의 역사를 가지게 될 것이다. 그것도 매우 정교하고 감각적으로 풍부한 최상급의 기록으로 말이다.

석유화학

석유화학

화학 공장

석유화학

여수 석유화학 단지

이 파이프라인은 여수 시내의 여러 석유화학 공장들을 연결하는 인프라 시설 중의 하나이다. 하수도나 상수도관, 혹은 통신선 등 도시의 인프라를 이루는 설비들처럼, 여수의 공장들을 연결하며 증기와 물을 전달해주는 파이프라인이다. 다른 도시에서는 볼 수 없는 모습으로, 석유화학 공장이 집중적으로 발달해 있는 여수에서만 볼 수 있는 것이다. 이런 파이프라인이 담장도 없이 누구나 접근할 수 있는 도로에 면해 있다는 것은 대단히 특이한 풍경이다. 어떤 액체나 기체를 파이프를 통해 전달한다는 점에서 이 파이프라인은 내장과 은유적으로 닮았는지도 모른다. 구부러진 파이프의 모양 자체가 창자의 어느 부분을 닮기도 했다. 파이프가 저런 모양으로 구부러져 있는 이유는 액체의 압력이 지나치게 높아지는 것을 막기 위해서라고 한다. 자동차경주 트랙에서 경주용 차들의 속도를 떨어뜨리기 위해 일부러 커브를 설치한 것과 같은 이유다.

이 사진에서 조춘만은 제대로 구경꾼 노릇을 하고 있다. 파이프라인이 하도 길어서 한쪽으로 몰린 선원근법이 되고 말았는데, 그 덕에 사진가는 모든 것을 관망하며 굽어보는 주도적인 관찰자가 되고 있다. 파이프라인은 그의 눈높이에 맞춰 일정한 기하학적 배치 속에 놓여 있다. 물론 그것은 외부의 구경꾼을 위한 배치가 아니라 공장을 효율적으로 관리하기 위한 디자인의 산물이다. 그러나 사진가는 그런 시선을 빌려서 자기 것으로 만든다. 마치 박물관의 긴 회랑에 걸려 있는 그림들을 보거나 뉴욕 같은 대도시에 사열하듯 늘어서 있는 빌딩들을 보는 듯한 시선이다. 조춘만은 과거에 중공업에서 용접 일을 하기는 했지만 그는 엔지니어도 아니고 공학자도 아니다. 그의 시선을 정확히 규정한다면 플라뇌르(flaneur), 즉 산보자라고 할 수 있을 것이다. 중공업의 풍경을 훑어보며 그 기괴함과 초현실적 아름다움을 사진으로 찍어내는 산보자이다.

이 파이프라인은 길가에 공개된 것이기 때문에 실제로 이 옆으로 산보할 수 있다. 그러나 단순히 걷는 것과 특정한 시점을 잡아서 사진을 찍는 것은 다른 문제다. 조춘만은 그런 점에서 좀 특이한 산보자이다. 원래 산보자라는 것은 도시의 어떤 것에도 얽매이거나 집착하지 않고 표면을 훑듯이 지나가는 사람이다. 산보자에게는 약속도 목적지도 지켜야 할 시간도 없다. 정처 없이 걸을 뿐이다. 다들 약속을 지키러, 성과를 올리기 위해 목적지를 향해 조바심을 내며 종종 걸음으로 뛰듯이 걷는 그 거리를 산보자는 유유히 놀며 걸을 뿐이다. 조춘만은 중공업의 산보자다. 그에게는 이 중공업 시설에 얽매인 어떤 의무나 책임도 없다. 그는 중공업의 스펙터클을 훑듯이 지나가며 즐길 뿐이다. 다만, 그에게는 찍고자 하는 것을 꼭 찍기 위해 기울이는 노력이 있다. 그는 반드시 찍고 싶은 것을 찍기 위해 시선이 확보되는 곳을 찾아 어디든 올라간다. 때로는 산꼭대기가 될 경우도 있고 때로는 건물 옥상이 될 경우도 있는데, 그것은 대개 고난의 길이다. 그러나 이 사진은 개방된 길거리에 있으므로 그런 고생을 할 필요가 없었다. 그는 그저 산보하듯 지나가다 도시의 원근법을 훑듯이 파이프라인의 원근법을 잡아냈다. 그래서 화학공장의 번쩍이는 금속성의 숭고미가 고스란히 나타나 있다.

울산 석유화학 공장

이 사진에 나오는 수많은 설비들이 무엇에 쓰이는 것인지는 알 수 없다. 그것은 석유화학 전문가의 영역이다. 뿜어져 나오는 증기로 봐서는 높은 열과 압력을 다루는 곳인 것 같다. 조춘만은 되도록 증기가 적어서 공장 설비의 기계적 질서가 잘 드러나는 장면을 찍고 싶었지만 계속 증기가 뿜어져 나오는 석유화학 공장의 특성상 그럴 수가 없었다. 이 설비들의 핵심은 열과 압력이다. 어떤 액체나 기체를 다루는 것인지는 몰라도 높은 열과 압력을 가지고 있음은 분명하다. 이 사진에 나오는 구조들, 원통형, 곧은 파이프, 굽은 파이프 등은 결국 그 열과 압력을 모시기 위해 있는 것이다. 이것들은 설계도상으로는 분명한 어떤 질서를 가지고 있을 것이다. 그러나 사진 속에서는 혼란스러운 집합체로 보인다. 거기에는 몇 가지 이유가 있다. 우선 일반인들은 이 설비들이 무엇이며 다른 것들과 어떤 식으로 연결돼 있는지 알 수 없다. 그래서 설비들이 마구 뒤섞여 놓여 있는 것으로 보인다. 예를 들어 대형 마트에 가도 물건들이 많지만 그것들은 일반인들이 납득할 수 있는 질서로 배치돼 있다. 마트에 들어가면 채소는 어디에 옷은 어디에 가전제품은 어디에 있는지 알고 있으며 쉽게 찾는다. 그러나 석유화학 공장은 마트가 아니다. 혼란스럽게 보이는 것은 당연하다. 석유화학 공장 설비가 혼란스런 집합체로 보이는 두 번째 이유는 멀리서 망원렌즈로 찍었기 때문에 원근감이 압축돼서 그렇다. 어느 정도 거리가 떨어져 있는 설비들이 마구 중첩돼 보이고 바싹 붙어 보이니 사물들의 질서는 사진의 프레임 속에 재편성돼 있다.

그러나 궁극적으로 사진가가 여기서 보는 것은 석유화학 공장에서만 볼 수 있는 사물들의 독특한 리듬감이다. 이 장면 전체는 마치 교향곡을 눈으로 보는 것 같다. 교향곡에는 여러 악기들이 파트를 이루고 있다. 제일 작은 피콜로(이탈리아어로 작다는 말)에서부터 콘트라베이스까지, 나무로 된 클라리넷에서 금속으로 된 튜바까지, 다양한 크기와 재질의 악기들이 입체적인 소리의 공간감을 이루고 있다. 그것들은 다 다른 멜로디와 리듬과 강도를 가지고 있다. 그것들을 잘못 섞으면 혼란의 덩어리가 되지만 잘 작곡하고 잘 지휘하면 하나의 실타래 같은 훌륭한 교향곡이 된다. 석유화학 공장의 설비들은 크고 작은 악기들이며, 거기 반사되는 빛은 악기들이 내는 소리들이다. 악기들이 내는 소리가 음색과 강도가 다르듯이, 빛은 설비의 크기와 재질에 따라 다른 음색과 강도를 낸다. 전체적으로 매우 리드미컬하다. 어느 정도 표준화된 설비이겠건만 같은 것이 하나도 없어 보인다. 이 시각적 교향곡은 항상 모든 악기를 총주(總奏; 투티)로 연주하는 복잡한 편성이다. 앞과 뒤에서 강렬하게 뿜어져 나오는 증기는 간간히 끼어드는 독주 악기들이다. 교향곡에서는 모든 소리들이 서로 조화로운 관계를 가지도록 짜여 있고 연주되지만 이 사진 속의 설비들과 빛들은 서로 간에 아무런 연관성도 가지고 있지 않다. 그것들 사이에 연관성을 부여하는 것은 이것을 하나의 장면으로 담아낸 사진의 프레임일 뿐이다. 삭막한 공장을 하나의 시각적 교향곡으로 재편성해내는 것, 놀라운 일이다.

여수 남해화학

1970년대에 초등학교를 다닌 사람들은 미술 시간에 이런 풍경을 자주 그렸다. '한국의 발전상'이란 주제하에. 선생님이 그런 주제를 주고 그리라 하면 우리들은 좋든 싫든 이런 풍경을 상투적으로 그렸다. 꽃과 동물들을 그리고 싶었던 우리들에게 이런 그림은 그냥 국가가 시키니까 의무적으로 그리는 것이었다. 당시는 국가가 초등학생 도시락에 보리가 얼마나 섞여 있었는지 검열할 때였으니까 미술의 주제를 준다고 해서 이상할 것은 없었다. 다만, 이런 그림을 즐기며 그린 친구들은 없었던 것 같다. 당시 이런 그림에 대한 추억을 간직하고 있는 사람은 거의 없을 것이다. 그런데 강산이 네 번 변할 정도의 시간이 흐르자 관점이 바뀌었는지 감각이 바뀌었는지, 그것도 아니면 대한민국이라는 패러다임이 바뀌었는지 이런 광경을 즐기는 사진가들이 좀 나타났다. 많이는 아니고 조춘만을 비롯해서 아주 소수다. 하지만 이런 광경이 시각적 역사적 기록 같은 공적인 차원이 아니라 사진가 개인의 관심과 호기심의 대상으로 떠올라서 작품으로 만들어진다는 것은 중공업의 역사에서 중요한 의미를 가진다. 설사 중공업계의 누구도 인정하지 않는다 해도 말이다. 그것은 먹고살기 바쁜 시절에 경제를 위해 허겁지겁 세웠던 중공업을 이제는 보고 즐길 수 있게 됐다는 것이다. 즉 중공업의 스펙터클이 탐미의 대상이 됐다는 것이다. 탐미라고 하면 시간이 남아 할 일이 없는 사람이 호사스런 취미로 아름다움을 즐기는 것을 생각하기 쉽다. 그러나 아름다움을 즐긴다는 것은 삶의 본질적인 측면 중의 하나이다. 사람이건 사물이건 진선미가 완성돼야 참된 존재이기 때문이다. 우리의 삶이 실리적인 것만 추구하는 쪽으로 너무나 왜곡돼 있기 때문에 존재의 본질인 아름다움을 추구하는 것을 경멸하게 됐다. 중공업은 아름답게 보이기 시작하면서 비로소 완성된다고 할 수 있다. 다만, 아직은 소수의 사진가를 제외하고는, 심지어 중공업의 담당자들조차도 이런 광경을 아름답게 볼 관점을 가지고 있지 못하다. 서구의 경우는 20세기 초반부터 중공업을 아름답게 보는 화가와 사진가들이 나타났다. 서로 스타일은 많이 다르지만 유럽에서는 이탈리아 미래파가 테크놀로지의 아름다움을 찬미했고, 미국에서는 마거릿 버크화이트와 폴 스트랜드, 베러니스 애보트 등의 사진가들이 중공업과 과학기술의 아름다움을 찬미하고 기록하는 사진을 많이 찍었다. 한국에서는 80년 정도 지나서 그런 시각이 나타난 것이다. 흥미로운 점은 오늘날 부가가치를 창출하면서 언론의 주목을 받는 산업은 더 이상 중공업이 아니라 이동통신 기술이나 게임, 영상 등의 문화 콘텐츠, 소프트웨어 등 비물질적인 것들이라는 점이다. 즉 사진가들이 중공업의 스펙터클의 아름다움을 알아챈 것은 산업의 중심이 비물질적이고 소프트한 것 중심이 되면서 무거운 쇳덩어리에 대한 관심이 상대적으로 줄어들기 시작한 그 시기이다. 하지만 그것은 결코 늦지 않다. 오히려, 이제라도 중공업의 시각적 측면에 대해 관심을 가지는 사진가가 나타났다는 것은 이제야 저 무지막지한 물건들이 우리들 감각의 영역으로 들어오기 시작했음을 뜻하는 것이다. 그런 시각의 등장은 서구의 기준으로 보면 한참 늦지만 한국에서는 이른 것이다.

석유화학

정유 공장

여수 화학공단

이 사진은 굳이 분류하자면 풍경 사진에 속하지만 일반적인 풍경화나 사진과는 다르다. 중화학 공장이라는 소재는 당연히 일반적인 풍경의 소재와 다르지만 가장 결정적으로 다른 것은 여백이 거의 없이 철 구조물들이 사방을 가득 메우고 있다는 점이다. 만일 사방에 적절한 여백을 두고 이 구조물이 화면상에 적절한 비중을 가지도록 찍었다면 이 사진은 매우 목가적인 것이 됐을 것이다. 그러면서 웅장한 공장이 마치 시골 마을 앞에 있는 당산나무처럼 보였을 것이다. 조춘만의 성격 자체가 그런 여유 있는 시각을 즐기는 식이 아니다. 그는 사진에서 긴장을 추구한다. 화면을 팽팽히 메우고 있는 공장의 파이프라인과 그것들을 가로지르는 녹색의 프레임들은 한시도 방심할 수 없는 긴장감을 준다. 파이프 안에는 맛과 향기가 부드러운 액체가 흐를 확률은 없다. 그 안에는 맵고 독하고 무서운 놈들이 높은 압력으로 지나가고 있을 것이다. 굵기가 다 다르고 이리저리 꺾어져 있는 파이프들은 그 무서운 놈들을 다루느라 고심한 흔적을 보여준다. 만일 어떤 조각가가 파이프를 이용하여 조형물을 만들었다면 그것은 아무 기능도, 위험 물질도 포함하고 있지 않은, 기능상으로나 의미상으로나 감각적으로나 텅 빈 것이므로 이 사진에서 보는 것과 같은 긴장을 담고 있지 않을 것이다. 조춘만은 이 화학 공장의 파이프라인을 분명히 조형물로 보고 찍었다. 그것은 다른 산업 분야에서는 볼 수 없는 화학공업 특유의 분위기를 가진 대단히 특수한 구조물만이 보여줄 수 있는 긴장을 품고 있다. 인간이 기계를 인터페이스로 삼아서 화학물질과 상대할 때의 긴장감이라고 할까? 운동경기를 볼 때 긴장감이 없으면 재미가 없듯이, 화학물질의 특성과 온도와 압력에서 오는 긴장감이 없었더라면 이 사진은 그저 조각가 앤서니 카로의 철로 된 조각을 보는 듯이 심심했을 것이다.

화학제품 저장 탱크

제품 이송 파이프라인

석유화학

화학 공장

화학제품 저장 탱크

호남정유

이 금속제 사일로의 모든 디테일은 마치 사진가를 위해 배치해놓은 듯하다. 같은 재질과 크기의 금속판을 잇대서 사일로를 만들었건만 표면의 질감과 색이 미묘하게 달라서 마치 미니멀 화가의 그림을 보는 듯하다. 그리고 사일로 상부에 있는 테들은 단조로울 수 있는 원통형에 변화를 준다. 꼭대기에서 아래로 이어지는 파이프들도 적절한 장식 기능을 하고 있다. 기능주의 건축가 아돌프 로스는 이미 "장식은 죄악이다"라고 했지만 그로부터 100년이 지난 지금 중공업에서 장식은 새로운 의미를 가지고 다시 태어난다. 이 파이프는 전혀 장식의 기능이 아닌데 시각적으로는 장식으로 보이면서 장면에 악센트를 부여한다. 이 사진에서 특이한 요소는 계단이다. 계단은 중공업을 모르는 사람이 봐도 무엇인지 금방 알 수 있는 물건이며, 기껏해야 사람 몸무게만 버티면 되는 설비이기 때문에 거기에는 긴장이 거의 없다. 이 사일로 안에는 뭔가 유독성의 무시무시한 물질이 높은 압력을 버티며 들어앉아 있을 것 같아 무서운 느낌이 드는데, 계단에서는 그런 느낌이 전혀 나지 않는다. 사진 속 설비들의 막중함에 비하면 계단은 하찮아 보인다. 그런데 부피와 무게가 큰 설비들에 비해 가늘어 보이는 계단들이 장면 전체에 묘한 악센트를 준다. 사일로를 감아 돌며 올라가는 계단도 그렇고 사진 가운데 아래쪽의 건물 외벽에 붙어 있는 계단도 그렇다. 만일 그 계단들이 없었으면 이 사진은 정말 심심한 것이 됐을 것이다. 계단의 아기자기한 디테일 덕에 이 사진에는 크기와 형태의 긴장감이 살아나고 있다.

따라서, 설사 이 사일로의 용도와 기능을 몰라도 이 사진을 꼼꼼히 들여다보면 선과 면과 빛과 그림자가 이루어내는 산업적 설비의 기계미를 충분히 느낄 수 있다. 게다가 사진 위쪽의 하늘을 빼고는 여백이 거의 없는데, 이는 이 장면이 목가적 풍경화가 되는 것을 막아준다. 목가적 풍경이 되면 긴장이 떨어지고, 기계미는 약화되기 때문이다. 조춘만의 사진에서 어쩔 수 없는 이유를 제외하고 나무나 숲이 거의 나오지 않는 이유가 그것이다. 뭔가 폭발할 것 같고 엄청난 중력과 장력을 견뎌내는 긴장을 버티고 있는 중공업의 기계미를 추구하는 조춘만에게 나무는 너무나 긴장이 없고 중력과 장력에 대해 편안하기 때문에 사진의 분위기에 방해가 된다. 사진을 처음 배울 때는 인물 사진이던 풍경 사진이던 상하좌우에 적절한 여백을 두라고 가르친다. 그것은 우리가 일상에서 볼 수 있는 평범한 것을 찍을 때 해당하는 얘기다. 중공업의 스펙터클이라는 특별한 사태에 대해 조춘만은 그런 식으로 접근할 수는 없다. 거기에는 독특한 시선이 요구된다. 그 결과가 온통 금속으로만 가득 찬 풍경이다.

화학 공장

석유화학

SK석유화학 혹은 테이퍼 굴뚝의 자존심

이 사진의 핵심은 무엇보다도 살짝 테이퍼(taper)가 진 금속제 굴뚝들이다 (테이퍼란 어떤 형상이 점차로 가늘어지는 것을 말한다). 조선소는 그나마 눈에 띄는 블록들을 마치 레고 블록 맞추듯이 맞춰나가는 공정으로 돼 있으므로 어느 정도는 시각적으로 이해가 간다. 즉 블록들의 형상을 보고 선수부가 되겠군, 벨 마우스로군, 러더 스탁이군, 아지무스 파드군 하는 식으로 추정이 가능하지만 석유화학 계통은 눈으로 지각하여 파악할 수 있는 것이 없다. 그것은 화학 전공자가 아니면 이해할 수도 없는 일들이 벌어지는 마술의 공장이다.

이 사진에는 도합 세 가지 다른 굴뚝들이 나오는데, 테이퍼가 진 검은 금속제 굴뚝이 제일 두드러진다. 테이퍼진 부분은 로켓의 일부를 연상시키기도 하고, 총알의 일부를 연상시키기도 한다. 어쨌든 둘 다 속도와 관계되는 물건이라 이 굴뚝들은 뭔가 기체의 유속을 빠르게 하는 어떤 장치인 것처럼 보인다. 형상과 색채로만 놓고 보면 멀리 있는 붉고 흰색으로 칠해진 콘크리트 굴뚝은 가장 흔하게 보는 굴뚝이다. 굴뚝들 간의 기능은 어떻게 다른지 몰라도 그런 점 때문에 그 굴뚝은 화학 공장의 수수께끼에 사로잡힌 우리들 마음을 좀 진정시켜주는 역할을 한다. 마치 '별거 없어, 걱정 마' 하듯이. 그 오른쪽 옆의 금속제 굴뚝도 평범한 형상 때문에 별 의문을 가지게 하지 않는다. 반면 테이퍼진 검은 굴뚝들은 그야말로 수수께끼의 존재들이다. 맨 앞의 푸른색 함석으로 된 작은 집은 도무지 정체를 알 수 없다. 수수께끼의 존재라는 점에서는 뭔가 중요한 기능을 하는 것처럼 보이는 테이퍼진 굴뚝과 별 차이가 없다. 다만, 함석집은 수수하고 평범한 모습 때문에 긴장을 풀어주는 역할을 한다. 노동자들이 간이 휴게실로 이용하는 곳처럼 보이기도 하고, 무슨 펌프나 권양기가 들어 있는 간이 건물처럼 보이기도 한다. 이 사진에 나오는 구조물들이 붉고 흰 굴뚝 빼고는 다 금속으로 돼 있는데, 함석집만은 금속 특유의 긴장감이나 힘을 전혀 풍기지 않는다. 그래서 결과적으로 이 사진 전체에 흥미로운 대비와 긴장을 유발하고 있다.

그런데 이런 것들의 수수께끼를 알기 위해 석유화학의 공정과 화학 반응식을 다 알아야 할까? 그러면 어느 정도의 수수께끼는 풀릴 것이다. 그러나 이 사진은 석유화학 공장의 공업 화학적 진실을 묘사하는 것은 아니다. 이 사진은 겉에 보이는 구조물들을 시각적으로 배치하고 있을 뿐이다. 그리하여 석유화학 공장의 구조물에 새로운 아름다움을 부여한다. 그것은 이 공장에서 일하는 숙련 노동자도 창출해낼 수 없는 아름다움이다. 석유화학 공장의 설비가 이런 빛을 받아 모습을 드러내는 것은 처음일 것이다.

정유 공장

석유화학 탱크의 비극

이 사진 속 물건들에는 분명히 객관적인 측면들이 있을 것이다. 어떤 물질을 하루에 몇 톤이나 취급하는 곳이고 앞에 보이는 거대한 탱크의 용량은 몇 리터이고 뒤에 보이는 굴뚝에 달린 밸브들은 어느 정도의 압력을 버티도록 돼 있는가 하는 사항들 말이다. 그런데 이 앞의 둔중해 보이는 탱크는 그 안에 뭐가 들어 있는지 몰라도 왠지 주관적 감정을 자아내는 묘한 마력이 있다. 햇빛을 잘 받아서 입체감과 뚱뚱한 부피감이 잘 살아 있는 탱크는 미련한 비극의 주인공처럼 보인다. 압력을 버티다 버티다 못해 마침내는 폭발하고 마는 탱크의 비극성 같은 것 말이다. 그런데 테크놀로지와 비극은 사실 별개가 아니다. 수많은 사건들, 문학과 영화에서 테크놀로지의 비극을 다룬 것을 우리는 많이 알고 있다. 가장 유명한 것은 타이타닉 호의 비극일 것이다. 비행선 힌덴부르크 호의 비극도 있고, 1980년도에 일어났던 인도 보팔의 가스 누출 참사도 있다. 무엇보다도, 히로시마와 나가사키에 떨어져 수많은 애꿎은 목숨을 앗아간 원자폭탄의 비극이 있다. 중요한 사실은 많은 용량, 빠른 속도, 높은 압력, 전례 없는 새로운 위험 물질을 다루는 오늘날의 테크놀로지는 근본적으로 비극의 가능성을 품고 있다는 것이다. 폴 비릴리오는 더 크고 더 빠른 것을 추구하는 테크놀로지가 더 큰 사고의 위험을 품고 있다고 경고했는데, 그것은 바로 산업의 비극성에 대한 경고이기도 하다.

물론 이 사진 속의 탱크는 그런 위험이나 비극과 상관이 없을지도 모른다. 그것은 그저 무덤덤하게 자신의 용량을 채우고 있을 뿐이다. 사진에서 탱크는 비극성의 전조나 위기에 대한 경고로서 의미가 있는 것이 아니라, 일차적으로 조형성으로 다가온다. 즉 단조롭게 보일 수 있는 탱크의 형상에 뭔가 변화를 주는 요인으로 보이는 것이다. 그러나 압력이 높은 탱크의 위험이라는 요소도 분명히 사진에 작용하고 있다. 우리가 인물 사진을 볼 때 오로지 조형성으로만 보지 않고 그 인물이 누구냐에 따라 사진의 내용과 성격도 달라 보이듯이, 테크놀로지의 위험성은 이 사진에서 분명히 긴장감을 조성하고 있다. 그래서 이 사진은 매우 무겁게 안정된 분위기를 묘사하고 있지만 또한 묘하게 불안하기도 하다.

정유 공장

화학 공장

화학 공장

석유화학

화학 공장

석유화학

석유화학

석유화학

석유화학

볼 탱크

화학제품 저장 탱크

화학제품 저장 탱크

화학제품 저장 탱크

화학제품 저장 탱크

볼 탱크

이 사진을 보고 외국의 어느 유명한 사진가를 떠올릴 사람들이 있을 것이다. 그도 그럴 것이 이 사진에 나오는 볼 탱크는 그들의 사진에 나오는 것과 상당히 닮았기 때문이다. 다만 독일 루르 지역의 것과 울산의 것이라는 점이 다를 뿐이다. 굳이 차이라면 사진을 만들어내는 방법론에 있지만, 외국의 작가와 한국의 작가 사이에는 사실 공통점이 더 많다. 그것은 산업적 건축물을 보는 시선이다. 그 외국 작가의 이름은 소위 유형학 사진으로 유명한 독일의 베허 부부인데, 그들은 굶주린 사람이 음식에 빨려들 듯 공장 건물 하나하나를 찍었다. 조춘만도 산업적 스펙터클에 익사하듯이 빨려 들어가는 사람이다. 그는 이런 스펙터클을 너무 사랑하는 나머지 한곳을 찍기 위해 스무 번 이상 가기도 했고 감시의 눈길을 피해 몰래 찍느라 이리저리 숨어 다니기도 했다. 그렇게 해서 나온 결과물이 여기 보는 이 볼 탱크 사진이다.

볼 탱크의 아름다움은 무엇인가? 우선 육중한 중량감이다. 이 탱크 안에는 당연히 심상치 않은 물질이 엄청나게 많이 저장돼 있을 것이다. 그 심상치 않은 물건이 무엇인지 밖에서는 알 수 없지만 탱크를 이루는 재질을 보면 대강 어떤 물질인지 짐작은 할 수 있다. 탱크가 공 모양으로 돼 있다는 것은 압력이 높은 물질임을 시사한다. 지구의 위도와 경도처럼 탱크 바깥에 수직, 수평 방향으로 나 있는 가느다란 파이프들은 물을 뿜어서 탱크를 식히는 것이다. 즉 안에 든 가스의 온도가 올라가면 폭발할 위험이 있기 때문에 식혀주는 것이다. 아이러니한 것은, 탱크의 안전을 위해 설치된 것들이 탱크에 대한 공포감을 증폭시킨다는 점이다. 만약 경찰이 방탄조끼를 입고 있다면 심상치 않은 일이 일어난 것으로 짐작하듯이, 이 볼 탱크를 둘러싼 이런저런 장치들은 탱크를 하나의 위험물로 보게 만든다. 그런데 그게 바로 조춘만이 이 탱크를 사진 찍은 이유다. 그는 산업적 스펙터클이 아름다워서 사진 찍기도 하지만, 그것이 가지는 위험에서 오는 긴장감을 즐기기도 한다. 그가 찍은 모든 대상에는 엄청난 무게, 압력, 온도, 동력 등 극단적인 것들이 들어 있다. 그리고 그런 극단성을 버티기 위해 건물들과 설비들은 다 두껍고 육중하며 형태는 기묘하게 비비 꼬여 있다. 여기까지가 조춘만과 베허 부부가 닮은 점이다. 베허 부부가 유형학적 공장 건물 사진을 많이 찍어서 책으로 만들고 전시를 하여 유명한 작가가 됐다면, 조춘만의 꿈은 산업적 현장에 마음껏 접근하여 자신이 본 산업의 엽기적 아름다움을 기록하는 것이다. 그런 그에게 볼 탱크는 좋은 선물이다. 그 안에 무시무시한 아황산가스가 가득 차 있다 해도 말이다.

석유화학

중화학공업의 디자인

한국의 디자인 수준으로 봤을 때 이 중화학 공장 설비들의 디자인은 매우
예외적인 것이다. 한다 하는 디자이너들이 크리에이티비티니 하이 터치 센스니
새로운 개념들을 쏟아내지만 그들의 디자인이 마주 대하고 있는 결정적인
한계는 자의성이 너무 많이 허용돼 있다는 점이다. 디자이너들이 만들어내는
대부분의 제품들은 반드시 그런 모양으로 돼 있어야 하는 필연성은 없다.
자동차건 연필깎이건 디자이너의 감각이 이끄는 대로 독특한 형태들을
이룬다. 그런데 그런 제품의 형태가 좀 바뀐다고 해서 제품의 기능이나 성능이
결정적으로 손상돼지는 않는다. 차체가 낮고 날씬한 스포츠카가 있는 반면
사각의 박스형으로 된 차도 있다. 두 차 다 잘 달린다. 일반적인 소비자가 원하는
한도 안에서는 말이다. 시속 400킬로미터의 극한을 추구하는 것이 아니라면,
자동차 디자인은 디자이너와 회사 임원의 자의적 취향의 결과일 뿐이다. 그들이
쏟아내는 디자인 담론으로는 반드시 그렇게 해야 제품의 효율이 올라가고 새로운
패러다임을 구현하는 것이라고 하지만 효율은 거기서 거기고 패러다임은 이미
수십 년 전에 나왔던 것이 반복될 뿐이다. 그런 자의성 때문에 대부분의 제품
디자인에는 엄정함이 없다. 이래도 그만이고 저래도 그만이니 말이다.

석유화학 공장의 디자인에는 그런 자의성이 없다. 모든 것들은 안전과
효율 때문에 반드시 그렇게 돼야 하는 형태로 돼 있다. 소위 유도리가 없는
형태들이다. 탱크 안에 들어 있거나 파이프를 지나는 물질의 특성, 온도와
압력은 탱크와 파이프의 디자인이 특정한 스펙을 따르도록 강제한다. 파이프의
재질과 굵기, 길이, 곡률, 탱크의 부피와 재질은 모두 공업 화학이 강제하는 대로
돼 있다. 그래서 이 장면은 일견 대단히 드라이해 보인다. 도대체 마음대로 꾸밀
수 있는 자유가 없으니 말이다. 그런데 매우 희한하게도 이 장면은 궁극적으로
뭔가 풍요로움으로 가득 차 있다. 화면의 대부분을 메우고 있는 설비들은
필연성의 산물들이지만 그것들이 다 다른 정도로 구현돼 있다. 풍요로운 숲을
보면 수많은 나무들이 자연의 필연적 질서에 따르면서도 종의 다양성으로 인해
풍요로움을 구현하고 있듯이, 이 사진에서는 설비들의 규격과 상태의 다양함이
풍요로움을 이루고 있다. 셋이 한 묶음이 되어 달려가는 파이프라인은 갑자기
단체로 위로 뛰어오른다. 정지해 있는 사물들이지만 운동감으로 충만하다.
그리고 그 운동의 끝에는 엄청난 부피를 가진 탱크들이 기다리고 있다. 파이프와
탱크는 서로 공존하는 것 같으면서 배척하고 있는 듯이 보인다. 이런 여러 가지
요소들이 다른 곳에서는 찾아볼 수 없는 중화학공업 디자인의 특성이다. 물론
그런 디자인의 특성을 발견해낸 것은 조춘만의 사진 시선이다. 결국 이 장면은
중화학공업 디자인에다 조춘만의 사진 프레임 디자인이 결합되어 나타난 새로운
디자인이다.

제품 이송 파이프라인

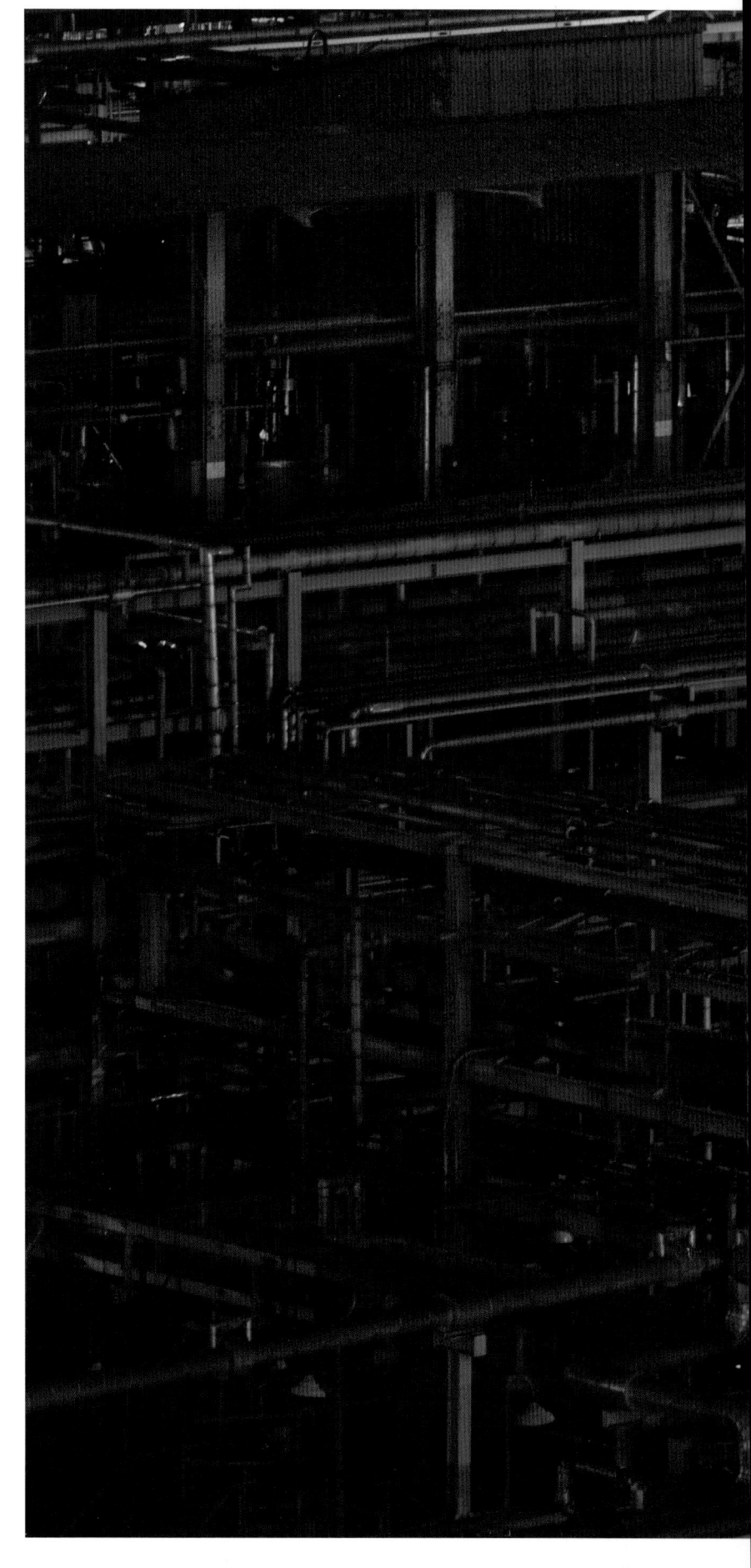

석유화학

변전소

화학 공장

쿨링 타워

초등학교 3학년, 글짓기 시간에 선생님이 장래 희망에 대해 쓰라고 하셨다. 나는 공장의 기술자가 되겠다고 막연한 글을 썼다. 그때까지 본 것이래야 기껏 열 평도 안 되는 시골 읍내의 조그만 철공소가 전부였다. 철공소에서 괭이나 낫 같은 농기구를 만드는 모습을 처음 본 나는 너무나 신기해서 그 자리를 떠날 줄 몰랐다. 불을 지피는 풍로에 쇳조각을 넣고 발갛게 달군 다음 한 사람은 집게로 잡고 두 사람은 재빠르게 번갈아 망치질을 하고, 쇳조각이 식으면 또다시 달구어 망치질을 반복하다 보면 쇳조각은 신기하게도 연장 모습으로 변해 있었다. 그런 후 물에 적당히 조절해서 담갔다가 식히면 호미와 낫이 되고 또 괭이가 되곤 하였다. 오늘날 철의 산업과 떼려야 뗄 수 없는 나의 인생이 어린 시절 각인된 철공소의 연장 만드는 모습과 겹쳐 보이는 듯한 느낌을 지울 수 없다.

○

4남 3녀 가운데 여섯째인 나는 찢어지게 가난한 농가의 아들로 태어났다. 우리 집은 읍내에서 10리가 떨어진 산골 동네였다. 천수답 1100평, 밭 1500평 소작농의 아들로서 공부에는 아예 관심이 없었고 대학은커녕 중학교도 당연히 가지 않는 것으로 알고 자연스레 부모님 밑에서 농사일을 배웠다. 일곱 살 때부터 소를 먹이고 초등학교 1학년 때 지게를 지고 나무를 하러 다녔으며 열네 살에는 논밭을 가는 쟁기질까지 했다. 공부에 관심이 없으니 자연스레 개구쟁이 놀이에 열중하기도 하였다. 학교에 간다고 해놓고 산골짜기에 들어가 놀기를 밥 먹듯이 해서 초등학교도 겨우 졸업했다. 개구리를 잡아 닭에게 먹이로 주고, 그 뒷다리 살에 실을 매달아 가재를 잡기도 했다. 농사일과 놀이가 우선이고 공부는 뒷전이었다.

1974년 12월 4일 내 나이 열여덟, 태어나서 기껏해야 대구 시내에 네댓 번 가본 적밖에 없는 내가 거대한 울산의 현대중공업 소조립 하청업체에 취업을 하게 되었다. 당시 현대중공업 조선소에는 2만 5000여 명의 인원이 근무하였는데 출입구가 정문과 후문 두 개밖에 없었으니 아침 출근 시간에는 그야말로 인산인해의 광경을 방불케 했다. 내가 근무할 소조립 3베이(BAY)에 첫 출근을 하니 어디에 쓰이는지도 모르는 철판 조각들이 수북이 쌓여 있었다. 소장 이영길, 반장 이기연, 조장 심재협 밑에서 취부사의 보조공으로 처음 일을 시작했다. 취부사란 배를 만들기 위해 철판 조각을 도면에 맞게 제작하는 사람이다. 나는 조장이 시키는 일이나 취부사가 시키는 일을 열심히 했다. 농사일로 단련된 몸이라 잘 견뎌내기는 했지만 일 자체는 매우 힘들었다. 철판은 두 사람이 들 수 없는 경우에만 천정 크레인이 날라다주었고 그 외에는 모두 우리가 직접 날라야 했다. 도면을 보고 마킹사가 철판에 마킹을 하면 그때부터 본격적인 작업이 시작된다. 먼저 도면을 보고 조립할 철판 조각을 찾아 손에 들고, 어깨에 메고 날랐다. 철판 쇳덩이 치고 무겁지 않은 것은 하나도 없었던 것 같다. 그만큼 육체적 노동이 심했다. 하도급이라 좁은 공간에 많은 인원이 투입되어 일을 하니 전쟁터를 방불케 했다. 여기저기에 다닥다닥 붙어서 용접을 하다 보면 자외선에 노출된 눈이 붉게 충혈되어 쓰리고 따가웠다. 얼굴 역시 용접할 때 발생하는 자외선에 노출되어 피부 각질이 수시로 벗겨져 따갑고 고통스러웠다. 이런 일들이 늘 반복해서 일어나다 보니 스트레스를 많이 받아 만성 위궤양과 십이지장궤양이 낫질 않았다. 시급 70원, 하루 12시간 맞교대, 7시 반 출근 7시 반 퇴근, 잔업은 10시까지였다. 토요일에 철야를 시키면 단 한 번도 빼먹지 않고 일을 했고, 심지어 토요일 아침에 들어가서 일요일 밤에 퇴근하는 36시간 동안 단 한 시간도 자지 않고 일하기도 했다. 설과 추석 명절에도 계속 일을 했다. 한 달에 보통 400시간이 넘었다. 열심히 일한 덕분에 70원이던 시급이 5원씩 매달 올라 165원까지 스트레이트로 올라갔다. 하지만 마음 한구석에는 늘 말 못 할 고민이 있었다. 취부사는 도면을 볼 줄 알아야 하는데 모든 도면에는 영어가 표기되어 있고 간혹 한자도 섞여 있었다. 한자는 초등학교 3학년 때부터 교과서에 수록되었기에 조금 이해했지만 영어는 배운 게 없어서 도통 알 수가 없었다. 도면은 철판에 마킹한 것과 서로 반대로 제작해야 되는데 그것을 이해하기가 상당히 어려웠던 것이다. 서당 개 3년에 눈치로 때려잡는다고 어깨너머로 배워서 일을 했던 것이지 도면을 제대로 보고 일한 것이 아니었다. 상당히 고민에 빠졌다. 처음부터 현대중공업에 들어가 용접을 배워 용접사로 일하려고 했기에 나는 마음이 급했다. 오전 10시와 오후 3시, 그리고 야간에 있는 10분간의 쉬는 시간에도 나는 용접을 배우고 싶었다. 식사 시간에도 빨리 밥을 먹고 와서 철판 용접을 배우려고 하였다. 그런데 웬걸, 남들이 쉴 때 용접 연습을 하지 못하게 하는 것이 아닌가. 용접을 하면 용접봉이 타들어가면서 발생하는 자외선 때문에 쉬는 사람들이 스트레스를 받는다는 것이었다. 일하는 시간이 아닌데도 조장들이 용접 연습을 못 하게 하니 언제 배워 남들처럼 용접할 수 있을 것인가? 생각할수록 화가 치밀어 올랐다. 울분을 삭일 수밖에 없었다. 간혹 잔업이 없는 날이면 퇴근 시간이 끝난 후, 주야를 가리지 않고 용접 연습을 했다. 아무도 가르쳐주는 사람이 없어서 용접사들이 일할 때 어깨너머로 보고 배웠다. 그 결과 입사 후 4~5개월이 되자 선체 제작부에 있었지만 용접 솜씨가 웬만한 용접사 못지않게 늘었다. 그래서 앞으로 어떻게 할까 고민한 결과, 어차피 용접 실력은 있는 것이니 취부사 일을 더 배우자고 마음먹고 계속 선체 제작부에서 일을 했다.

한번은 웃지 못 할 일도 있었다. 1975년 7월 27일, 그날은 우리 조가 야간 반이었다. 나와 같은 조에 있던 동료 취부사가 밤 12시에 야식을 먹고 돌아오니 너무나 후덥지근한 날씨 탓에 견디기가 어려워 산소 절단기를 허리 바지춤에 넣고 산소 밸브를 틀었다. 산소 절단기의 산소는 그야말로 시원하기 그지없다. 땀에 절어 축축한 아랫도리가 얼마나 시원하겠는가. 그는 너무나 기분이 좋았다. 그러면서 하는 말이 "작업할 때도 이걸 그냥 묶어두고 일할까" 하면서 좋아서 어쩔 줄 모르고 농담도 주고받았다. 그러다 새벽 1시의 작업 시작 고동 소리가 울리고 작업이 시작되었다. 그는 절단기를 허리춤에서 빼내지 않고 그대로 작업을 시작했다. 그는 철판 조각을 마킹 선에 맞춰 잡고 있었고 나는 철판을 고정하기 위해 태그 용접을 시작했다. 내가 용접 스파크를 일으키는 순간 평소와 다른 퍽 하는 소리가 났다. 동시에 그가 "엇 뜨거!" 하면서 벌떡 일어나 산소 절단기를 집어던지면서 입고 있던 바지를 마구 쥐어뜯었다. 나는 바로 앞에서 멍하니 바라보고 있었다. '이 사람이 왜 이러나?' 4~5초쯤 지났을까, 그의 낡아 헤어진 옷 사이로 허벅지 부근에 불이 붙은 게 보였다. 나는 황급히 달려가 그의 허리띠를 풀고 바지와 팬티를 끌어내렸다. 아뿔싸! 팬티와 바지가 안에서부터 활활 타고 있었다. 그는 아랫도리에 심한 화상을 입어 펄펄 뛰면서도 내가 용접을 해서 그랬다며 책임을 떠넘기려는 말을 되풀이했다. 화상을 입은 나이 많은 동료에게 변명 한마디 못 하고 서둘러 동료 두 명이 어깨동무로 부축해서 500미터 떨어진 의무실로 데리고 갔더니, 여자 간호사 한 명이 자고 있다가 일어나서는 "어디 다쳐서 왔느냐?"라고 물었다. 엉거주춤 누워 있는 동료의 바지를 벗겨 내니 남자의 중요한 아랫도리와 주변 피부가 심하게 그을려 살갗이 보기 흉했다. 또 피부와 털이 탈 때 나는 노린내가 코를 찔렀다. 간호사도 보기가 흉했는지 눈을 찡그리며 고개를 돌렸다. 아침 7시 반 교대 시간이 되어 조회 시간에 모두 모이자 이기연 반장이 침통한 사고 소식을 전하며 이렇게 말했다. "그 사람 앞으로 영원히 아이를 낳을 수 없을지도 몰라요." 그분에게는 아들은 없었고 두세 살 난 딸만 둘 있다고 했다. 나는 나대로 미안하기도 하고 또 억울하기도 했다. 나는 아무런 대꾸 한마디 못하고 묵묵히 일만 했다. 나중에 진상 조사 결과 모든 것이 자기 잘못으로 판정이 났고 사장이 그를 해고하라는 명령을 내렸지만, 그래도 주변의 청원에 일을 계속하게 되었다. 그 후 10여 년이 지나서 그분 소식을 들었는데 아들도 하나 낳고 잘살고 있다는 소식에 안도감을 느꼈다.

○

1970년대 중반을 넘어가면서 국내 건설사들의 해외 공사 수주가 활발해지자 해외 진출의 기회가 많아졌다. 해외에 나가면 뜨거운 중동의 사막에서 고생을 많이 하지만 꽤 많은 돈을 벌 수 있으며 그중에서도 배관 용접이 돈을 많이 번다는 이야기를 들었다. 취부사는 아예 뽑지 않는다는 이야기에 어떻게 하면 외국에 갈 수 있을까 생각하다가 배관 용접을 배우기로 했다. 모두가 퇴근한 후 남의 배관 용접 현장에서 두 달 반을 밤새도록 연습하니 배관 용접 실력 또한 웬만한 용접사 못지않게 되었다. 그 시절 국내에서도 여러 곳에서 대형 공사가 시작되었는데, 1978년 초반 포항제철 제3고로를 건설하는 현장에서 배관 용접공으로 일하기 위해 울산의 현대중공업을 떠났다. 용접사로서 첫발을 내딛은 것이다. 이곳 역시 휴일이 전혀 없었으며 추석 명절에 차례를 지내는 것도 포기하고 배관 용접을 해야 했다. 그곳에서는 처음 일당을 5500원으로 시작하여 3개월 만에 6500원까지 올려 받았는데 잔업과 철야 등을 많이 하니 한 달에 30만 원 가까운 돈이 들어왔다. 그 당시 셋방 주인집 아저씨가 포항제철에 다녔는데 한 달 월급이 6만 4000원을 받는다고 했으니 나는 그들에 비해 짧은 시간에 많은 돈을 벌었던 셈이다.

1978년 12월 4일, 스물세 살의 젊은 나이에 한 살 많은 아내와 결혼을 약속했다. 당시 둘째 큰누나의 결혼이 늦어지고 아버지 회갑까지 포함하여 해마다 큰 잔치가 있었으며, 어떤 해는 두 번의 큰일을 치러서 내 입으로 결혼 이야기를 꺼내기가 어려웠다. 부모님은 빚을 많이 지고 있어 내가 현대중공업에서 일하며 모아두었던 돈은 고향 부모님의 논을 사는 데 다 보태어 써버렸다. 그래서 포항제철에서 번 돈 80만 원으로 결혼을 하겠다고 했다. 3년 전부터 병석에 계셨던 아버지는 혼사를 흔쾌히 허락하셨다. 나는 아내에게 제안을 했다. 양쪽 집안에 하는 일체의 선물도, 신랑 신부에게 하는 폐물이랑 살림살이도 하지 말고 양쪽에서 50만 원씩을 내어서 그 돈으로 방을 얻자고 하였다. 처음에 망설이던 아내도 나의 제의를 받아들여 그렇게 하기로 했다. 나에게는 다른 것은 하지 말고 시계 하나만 해달라고 했다. 모조품 '라도' 시계를 하나 선물 받았는데 그래도 처가 쪽에서 양복 한 벌은 있어야 결혼식에 입고 들어갈 것이 아니냐면서 양복 한 벌은 해주고 싶다고 했다. 가난한 집안에 5년 동안 여섯 번이나 큰일을 치르다 보니 결혼식은 조촐하게 아주 가까운 6촌 이내의 사람들만 모아 대구에서 치렀다. 신혼여행으로 해인사에서 1박을 하고 처갓집으로 가니 장인어른이 약속했던 돈 50만 원을 주셨다. 처갓집과 본가에서 하룻밤씩 지내고 나는 일터인 울산으로 먼저 돌아왔다. 그때 아내가 처가로 돌아가니 장인어른께서 "시댁에서 50만 원 주더냐?" 하고 물어보셨다. 아내가 받지 못했다고 하니 장인어른이 "봐라, 내 그럴 줄 알았다"라고 말씀하셨다고 한다.

며칠 후 아내가 울산에 올라와 방을 구하는데 돈이 여의치 않았는지 부엌방을 얻자고 했다. 부엌방은 주인댁의 안방, 아이들 작은방과 같은 마루를 사용하고 동시에 부엌도 같이 써야 하는, 두 가족이 한 공간에 생활하기에는 너무나 불편한 방이었다. 가로 세로 2.5미터 정도 되는 공간이 전부였는데 그 부엌방의 전세 가격이 50만 원이었다. 처가에서 준 50만 원으로 그 방을 얻기로 하고, 내가 가지고 있던 여윳돈 10만 원으로 아내가 가구를 사는 데 8만 5000원을 쓰고 나니 1만 5000원이 남았다. 시골의 어머니는 낡은 고무대야 하나와 사용하던 빨래판 하나를 살림살이로 주셨다. 나의 결혼 생활은 그렇게 시작되었다. 결혼 후 두 달 반 만에 아버지가 돌아가셨다. 이렇게 보면 5년 만에 일곱 번의 큰일을 치른 셈이다. 결혼 후 3개월 만에 위기가 찾아왔다. 산업 현장에서 그때그때 일을 하다 보니 다음 일거리와 연결되지 않아 실직자가 되어버린 것이다. 나는 어디에 일자리 부탁할 줄도 몰랐고 또 현장에 일하는 사람들 중 아는 사람도 거의 없었기에 6개월 동안 실직자로 지냈다. 제정신으로 버티기가 힘들었다. 아내는 임신을 했는데 너무 심한 입덧 탓에 음식만 먹으면 토해 날마다 청량음료인 사이다만 마셨다. 그러던 어느 날 사람이 굶어 죽으라는 법은 없는지 지금의 쌍용정유인 한이석유(한국/이란 합작회사) 사우디 공장 건설에 필요한 배관 용접사를 뽑는다는 소식을 들었다. 예전부터 외국에 나가고 싶어 여러 건설 회사에 서류를 제출하였지만 연락이 오지 않았는데, 모집 공고가 나올 때마다 끈질기게 서류를 접수했더니 드디어 현대건설에서 시험 일자를 알려온 것이다.

용접할 때는 손과 팔이 떨려서는 안 되기에 시험 보기 하루 전에 수면에 좋은 약을 사서 저녁에 한 번, 다음 날 시험장에 들어가기 30분 전에 또 한 번 먹었다. 1979년 12월 1일 초겨울, 시험은 역시 나의 몸과 마음을 떨게 만들었다. 마음을 가라앉히고 심호흡을 하며 시험을 친 결과 합격했고 내가 제일 많은 시급을 받았다. 시간당 1불 84센트였다. 날이 어둑해서 집에 들어가니 만삭의 아내가 곧 아기를 출산할 것 같다고 했다. 내가 시험 보러 나간 아침부터 진통이 왔다면서 내가 돌아오기만을 기다리고 있었다. 나는 어제부터 먹었던 진정제 효과에 더해 시험이 끝나고 나니 긴장이 풀려 정말 눈을 뜰 수가 없고 쓰러지기 직전의 상태였다. 이웃사람들이 아내의 상태를 보고 병원으로 빨리 가라고 했다. 그래서 데려간 곳이 병원이 아닌 조산원이었는데 그곳에서도 곧바로 병원으로 보내져 밤 12시에 결국 울산의 고려병원에서 45만 원의 큰 비용이 드는 제왕 절개 수술을 했다. 아들의 생일이자 외국 가는 시험에 합격한 날로서 평생 잊히지 않는 1979년 12월 1일이 되어버렸다.

결혼한 지 1년 2개월 만에 아들의 이름조차 지어주지 못하고 사우디행 비행기에 몸을 실었다. 1980년 2월 4일, 설을 이틀 앞둔 날이었다. 사우디의 수도 리야드 공항에 내리는 기분은 그야말로 최고였다. 공항 외곽에 피어 있는 코스모스가 반갑고 아름답게 느껴졌다. 불과 10시간 전에 서울에서 추위에 벌벌 떨며 아내와 아쉬운 이별을 했는데 이곳에는 우리나라 초가을 날씨같이 코스모스가 한들거리다니, 나 자신도 모르게 천국에 온 것 같은 착각에 빠졌다. 공항에서 현장까지

거리가 멀어서 이동하는 중간에 같은 현대건설 숙소에서 하룻밤 자고 가야 했는데 그곳에서 머리를 감으려고 한국에서 가져온 다이알 비누를 칠하고 손으로 문지르는 순간 머리카락에서 뿌드득 하는 소리가 났다. 머리에 소나무 송진을 바른 것 같았다. 물에 석회질이 많아서 그렇다고 했다.

내가 가는 곳은 사우디 EWPS 건설 현장이었다. EWPS란 사우디의 '동쪽 끝에서 서쪽 끝까지 석유 파이프라인을 건설하는 현장'이라는 말의 약자로서 현대건설이 맡은 구간은 사막 한가운데였다. 사우디의 2월 초순 날씨는 정말 좋았다. 한국과는 달리 춥지도 않고 간혹 비도 오고 해서 일하기가 좋은 편이었다. 바람이 조금 심하게 불어 황사 같은 먼지가 일어나는 것 외에는 불편한지 몰랐다. 경험해보지 않았으니 한 달 후의 사막 날씨를 어찌 예측하겠는가. 너무나 좋게 느껴지던 날씨도 2월 중순이 넘어가면서 급격한 변화가 일어났다. 간혹 오던 비가 그치더니 3월 초순이 되자 우리나라 초여름 날씨로 접어들었다. 그때부터 비 한 방울 내리지 않고 하늘에는 구름마저 없이 햇볕만 쨍쨍 내리쬐었다. 거기에다 사막에 바람이 거세게 불다 보니 황사가 이만저만이 아니었다. 불과 10미터 앞의 사람도 알아볼 수 없을 만큼 심한 바람이 2~3일간 지속되기도 했다. 5월에 들어서면서 날씨는 절정으로 치달았다. 황사 바람은 한번 불면 며칠씩 계속 이어져 심한 정신적 스트레스를 받기도 했다. 뜨거운 공기 때문에 숙소에서 밖으로 나갈 때는 숨을 바로 들이쉬지 못한다. 한증막에 들어갈 때와 같이 뜨거운 공기로 인해서 호흡이 힘들기 때문이다.

55도를 가리키는 백엽상 안의 온도계는 더 이상 올라갈 곳이 없어서 실제 사막의 기온이 몇 도가 되는지 알 수가 없었다. 하지만 좋은 것도 있었다. 공사 현장이 사막 한가운데다 보니 주변에는 온통 수분이 없이 메말랐기에 아무리 땀을 흘린다 해도 곧바로 증발해버려 옷은 항상 뽀송뽀송했다. 직사광선이 바로 피부에 닿지 않으면 견디기가 그나마 수월했기 때문에 머리에는 늘 아랍인 같은 두건을 쓰고 다녔다.

○

사우디 사막 한가운데의 1년 날씨를 종합해보면 연간 강수량 200밀리미터 정도이며, 10월 말경부터 구름이 나타나고 11월 말경 비가 시작되어 2월 중순이 되면 더 이상 비는 오지 않는다. 3월 말부터 10월 중순까지는 비는커녕 하늘에 구름 한 점 없는 쨍쨍한 무더운 날씨가 계속된다. 그러나 중동에도 겨울은 있었다. 1월 달에는 아침 기온이 영하로 떨어지지는 않아도 꽤 추웠다. 옷을 네댓 개 입어도 서늘할 만큼 으스스하기도 했다. 그래도 겨울에는 비도 오고 낮에는 날씨도 따뜻해서 일하기가 좋았다.

용접은 국내에서는 단 한 번도 해본 적이 없는 '하진' 방식으로 했다. 용접은 용접봉이 타들어가면서 나오는 쇳물과 철이 녹아 융합되는 것이다. 그러기에 쇳물이 흘러내리지 않게 잘 조정하면서 상향 방식으로 하는 게 일반적인데, 하진이란 반대로 위에서 아래로 용접하는 방식을 말한다. 하진 용접에 사용하는 용접봉은 강도가 강해 쇳물이 덜 흘러내리는 대신 불똥이 심하게 튄다. 무더운 사막의 열기에도 용접사는 가죽으로 된 갑옷과 앞치마, 그리고 장갑을 벗지 못한다. 엄청난 불똥이 튀면 온몸에 화상을 입기 때문이다. 따라서 가죽옷 속의 작업복은 늘 소금기에 절어 있다. 출근 시간은 아침 6시 반, 작업 종료 시간은 대부분 밤 11시 반에서 12시 사이, 한 달에 한두 번 쉬고 토요일은 더러 철야도 했다. 잠자는 시간마저 줄여가며 밥 먹고 일하는 것이 생활의 전부였다. 한 달에 일하는 시간은 보통 650시간이고, 700시간을 넘긴 적도 더러 있다. 사실 700시간이라는 것이 쉽지 않은 시간이다. 아침 6시 반부터 새벽 2시까지 일하고 매주 토요일 철야를 한 다음 일요일 저녁까지 계산해야 나오는 시간이다. 실질적으로 이 시간을 일해서 받는 것이 아니라 '야리끼리(돈내기)'를 해서 받는 것이다. 보통 기능공 한 명이 10시간 동안 100개의 물량을 만든다면 돈내기는 1시간에 150개의 물량을 소화해내는 대신 더 많은 돈을 받는 것이다. 그만큼 몸이 죽어나는데, 이 돈내기를 자주 하다 보니 진이 다 빠져버렸다. 중동에서 그나마 근로자들이 위안으로 삼는 것은 쇼핑이다. 한 달에 한 번 정도 회사 버스로 도시에 쇼핑을 가곤 했다. 그 외에는 달리 소일거리가 없었다. 하지만 어느 누구도 일을 많이 시킨다고 불평하는 사람이 없었다. 어차피 가족과 헤어져 돈 벌러 왔으니 다들 몸이 으스러지도록 일해서 돈 많이 벌어 귀국하는 게 꿈이었다.

중동에서 근무하면서 나는 단 한 번의 전화 통화도 하지 못했다. 모든 연락은 편지로만 했던 것이다. 1980년 당시 사우디에서 한국에 편지를 보내면 2주 후에 아내가 받아보았다. 편지를 부치고 아내가 쓴 답장을 받아보려면 한 달 가까이 걸리는 것이다. 거의 대부분의 근로자가 1년 만기로 귀국을 하는데 사실 1년의 근무도 결코 쉬운 일은 아니다. 하지만 나는 1년 연장을 신청했다. 1년 4개월쯤 되었을 때 처가에 있던 아내로부터 두 달 반이 넘도록 연락이 두절됐다. 국내와 달리 달려갈 수도 없는 지경이라 마음속으로 극심한 스트레스를 받아 위궤양과 십이지장궤양에 시달렸다. 사우디에서 일한 돈은 모두 아내에게 송금했기에 이래저래 걱정이 되었다. 도저히 견딜 수가 없어서 형님께 편지를 써서 처갓집에 들러 무슨 일이 있는지 알아보라고 했다. 형님께 보낸 편지의 답장을 받아보는 것도 한 달 후였다. 아내의 편지도 석 달 반이 지나서 도착했다. 처갓집에 부도가 나서 완전히 빚 잔치를 하고 고향마을을 떠나게 되었다고 했다.

오늘날과 달리 머나먼 타국에서 일한다는 것은 상상을 초월하는 고통이 수반되는, 인내가 필요한 일이었다. 문고리에 목매어 사람이 죽는다는 말을 믿을 수 있겠는가? EWPS 현장에선 실제로 그런 일이 일어났다. 서울에서 온 토목공이었는데 이분은 사우디에 와서 한 달도 안 되어 귀국하게 해달라고 했으나, 회사 입장에서는 비싼 비행기에 태워 데려왔으니 쉽게 귀국을 허락할 리 없었다. 무더운 여름날 오후, 일을 마치고 밥을 먹으러 숙소에 들어왔는데 사람이 죽었다는 소리가 들렸다. 황급히 달려가 보니 간호사와 몇몇 사람들이 겁에 질린 표정으로 우왕좌왕하고 있었다. 그분이 생을 마감한 장소는 2인 1실의 작은 컨테이너 숙소였는데 2층으로 된 침대 난간에 전깃줄로 목을 매달아 생을 마감한 것이다. 난간대 높이가 사람 어깨 높이도 안 되는 곳이었다. 그런데도 스스로 생을 달리하고자 하면 죽는 것이 가능했던가 보다. 만리타국에서 이런 일을 당하는 모습을 보니 마음이 착잡해졌다.

1년 5개월이 지나자 EWPS 현장은 거의 마무리가 되어 다른 현대건설 현장으로 전출을 갔다. 그곳은 동부의 담수화 발전소였는데 바닷가에 위치해 있었다. 사우디의 날씨는 지역마다 정말 독특했다. 습기 없이 온도만 높았던 사막 한가운데 현장과 달리 이곳은 바닷가의 습도가 높아 땀이 비 오듯 흘러내렸다. 지금도 기억에서 사라지지 않는 7월의 어느 날에는 너무 더운 날씨에 진이 다 빠져 그늘에 앉아 있는데 머리에서 흐르는 땀이 턱 끝에서 1초에 두 번 이상씩 뚝뚝 떨어졌다.

사우디에서 2년을 일하고 6개월 더 연장하려고 했으나 아내가 귀국하기를 원했다. 그렇게 사우디에서 고생하고 돌아가니 스물일곱이 된 아내가 울산에 아담한 단독주택을 마련해놓고 아들과 함께 기다리고 있었다. 꿈같은 시간이 흘러갔다. 귀국한 지가 엊그제 같았는데 벌써 5개월이 지나가버렸다. 그리고 다시 외국 근무를 신청해 쿠웨이트 서도하 발전소 건설 현장으로 건너가 그곳에서 1년을 근무하게 된다. 서도하 발전소에서는 날씨는 둘째 치고 위궤양과 십이지장궤양, 그리고 허리를 다쳐 고생을 했다. 비 오듯 쏟아지는 쌀알 같은 용접 불똥 하나가 귓속으로 들어가 고막을 태운 채 지금도 귓속에 박혀 있어 청력에 문제가 생겼다. 1년 후 귀국하여 다시 현대중공업 직영 회사에 1년여 다니는 것을 끝으로 나는 취부사와 배관 용접을 홀연히 떠났다.

○

1984년, 자영업을 하기 위해 울산 백천병원(현재 중앙병원) 앞에 기초공사를 하고 있던 건물에 40여 평의 가게를 얻었다. 살고 있던 집을 처분하니 전 재산이 2200만 원이었다. 가게 전세금으로 1100만 원을 주고 나머지 돈으로 가게의 절반은 식당, 절반은 작은 슈퍼로 만들었다. 1년 후 식당을 그만두고 슈퍼를 확장했고, 5년 후에는 1층 전체인 60평의 공간으로 가게 규모를 넓혔다. 1984년부터 1999년까지 16년간 근처에 다른 슈퍼가 생기지 않아 독점을 하다시피해서 꽤 많은 수익이 올릴 수 있었다. 1992년까지는 자동차가 없어서 배달하는 모든 물건을 자전거와 우유 배달하는 조그만 리어카에 실어 날랐다. 슈퍼마켓을 시작하고 10년 정도는 아내와 함께 차를 타본 적이 없다. 내가 아니면 아내가 가게를 봐야 하기 때문이었다. 설날과 추석 명절에도 나와 아내가 번갈아 아이들을 데리고 고향에 다녀왔다.

슈퍼를 2년 정도 운영했을 즈음, 약간의 여유가 생겼다. 그때 우리 가게에 며칠에 한 번씩 동전을 바꾸러 오는 사람이 있었다. 우리 가게와 70미터 정도 떨어진 곳에서 전자오락실을 운영하던 사람이었다. 그는 오락실을 적당한 사람에게 넘기려고 하는데 우리보고 한번 해보라고 했다. 가까이 있어도 단 한 번도 가보지 않았기에 어떤 상태인지 확실히 몰랐지만 장사가 잘된다는 말에 우리는 그 가게를 인수하기로 하고 오락 기계 27대의 값으로 800만 원을 줬다. 오락실에 대해서는 아무런 지식도 없었던 터라 그저 문만 열면 바글바글하게 사람들이 들어올 줄 알았다. 예상은 보기 좋게 빗나갔다. 오락실이란 새로운 게임을 자주 바꿔주어야 장사가 되는데 이 가게는 워낙 오랫동안 게임을 바꾸지 않아서 장사가 전혀 되지 않는 것이었다. 그 당시에 800만 원이면 모조리 신품의 기계로 넣을 수 있는 돈이었음에도 그 사람 말에 홀락 넘어가버렸던 것이다. 새로 게임을 바꾸려면 다시 5~600만 원이 드니 선뜻 결정을 내리지 못했다. 또 새로 바꾼다고 장사가 잘될지도 의문이었다. 아내와 내가 번갈아 왔다 갔다 하며 가게를 보았다. 장사가 잘 안되니 가게 문을 여는 시간도 늦어지고 아내도 나도 자연히 가기 싫어졌다. 우리 집 둘째 딸아이 현지가 세 살 때의 일이었다. 현지는 엄마나 나를 따라 오락실에 자주 갔다. 그때 오락기 게임 중에 갤러그와 엑스레이온이 인기가 많았는데 현지는 혼자서 겨우 올라가는 의자에 앉아 갤러그와 엑스레이온을 하곤 했다. 그때 오락기에는 50원짜리 동전 하나를 넣고 게임을 했는데 세 살 난 딸아이에게 가게를 맡겨놓고 두세 시간씩 있다가 가보면 알아서 동전을 잘 바꿔주고 있었다. 그동안 딸아이는 손님이 없을 때는 오락을 하고 손님이 있으면 카운터에 앉아 있곤 했다. 책상 위에 동전 20개를 나열해놓고 100원짜리 500원짜리 1000짜리를 내면 알아서 잘 바꿔주기도 했다. 지금 생각해보면 딸아이에게 미안하고 또 간 큰 짓을 했다는 생각도 든다. 결국 오락실은 6개월 만에 500만 원이라는 큰 손해를 보고 300만 원에 새로운 주인에게 물려주고 그만두었다.

나는 시골에서 농사지으며 자급자족하다시피 자랐기에 기본적인 손재주는 가지고 있는 편이다. 그래서 40여 평의 슈퍼에서 간판과 냉장고를 제외한 나머지 거의 모든 시설을 내 손으로 만들었다. 상품을 진열하기 위해 철재 앵글과 합판을 사와 직접 재단하고 톱으로 잘라서 진열대를 만들었다. 몇 년 후 가게를 60평으로 넓히면서 벽지를 바르거나 페인트칠은 물론 천정의 합판을 붙이는 목수 일이나 재래식 연탄 온돌 보일러 등의 미장일, 부엌과 안방과 가게에 필요한 전기 설비 등 거의 모든 것을 직접 해결했다. 그렇게 하다 보니 대부분의 일들이 재료비밖에 들지 않는 셈이다. 그래서 나 자신도 늘 이렇게 말하곤 했다. 나는 전자 제품과 자동차 외에는 한번 보기만 하면 거의 다 만들어낸다.

슈퍼마켓은 직원 없이 아내와 단둘이서 운영했다. 아침 6시에 문을 열고 밤 12시에 문을 닫았다. 늦으면 새벽 한두 시까지 문을 열었다. 1년 365일, 16년 동안 단 하루도 문을 닫아본 적이 없다. 설날과 추석 명절에도 16년간 변함없이 가게 문을 열었다. 내가 먼저 일어나 가게 문을 열어놓고 새벽 청과물 시장에 과일을 사러 나갔다. 여름이면 새벽 5시가 되어 집을 나섰다. 슈퍼를 처음 시작하고 4년까지는 각각의 상품에 가격표를 붙이지 않았다. 오늘날과 같이 카운터에 계산하는 포스가 설치된 것도 아니고 손바닥보다 작은 계산기 하나가 전부였다 제품의 매입 가격표는 거래처에서 적어준 전표 한 장이 전부인 것이다. 1500여 가지의 물건 모두에 대한 매입 가격과 슈퍼에서 판매하는 가격을 하나같이 기억해야 한다. 그래야 판매가 가능한 것이다. 4년 후부터는 스탬프로 모든 상품에 가격표를 붙였다. 그랬더니 두 달이 채 안 되어 1500여 가지 물건의 매입 가격과 판매 가격을 깡그리 까먹어버렸다. 그때부터는 상품에 찍힌 가격표를 보지 아니하고는 전혀 상품의 가격을 알 수 없었다. 두뇌는 역시 쓰지 않으면 망각이 되나 보다.

슈퍼를 하다 보니 희한한 일도 있었다. 1986년 추석날 일이다. 아내와 아이들이 아침 6시 첫차로 대구 달성군 논공면에 있는 고향으로 떠나고 나 혼자서 가게를 보고 있는데 오전 10시쯤 50대 초반으로 보이는 순진하게 생긴 아주머니 한 분이 가게에 들어와서 혹시 돼지 저금통이 있느냐고 물었다. 내가 없다고 했더니 어디 저금통 좀 구할 수 없느냐고 했다. 아주머니가 말하는 돼지 저금통이란 플라스틱으로 만든 붉은 색깔과 푸른 색깔로 비싸지 않은 흔히 보이는 그런 저금통을 말하는 것이었다. 평일도 아니고 추석 명절날이라 도시의 모든 도매상들이 다 문을 닫아서 구할 수 없다고 말했더니 그래도 혹시 누가 그런 것을 가져오면 좀 받아달라고 아주머니가 말했다. 그러면서 멜론 크기의 동그랗게 생긴 저금통 200개와 어린아이 머리 크기 정도 되는 붉은색 저금통 200개, 이렇게 총 400개가 필요하다는 것이었다. 우리 가게가 있는 동네 이름이 양지마을이었는데 추석인 오늘 오후 마을 사람들이 모여 윷놀이를 하는데 경품으로 줄 돼지 저금통이 꼭 필요하다는 것이었다. 오후 2시쯤에 아주머니가 다시 와본다고 하면서 돌아갔다. 아주머니가 떠난 후 5분도 채 되지 않아 어떤 아저씨가 가게 앞에 1톤짜리 봉고를 세우고 가게 안으로 들어왔다. 대뜸 하는 말이 "혹시 저금통 필요하지 않습니까?" 하고 묻는 것이었다. 절묘하게 타이밍이 맞아떨어진 것이다. 당연히 나는 필요하다고 했다. 아주머니가 주문한 크기와 꼭 맞는 것들이어서 400개를 사고, 아저씨의 상술에 넘어가 가게에서 팔 요량으로 350개의 저금통을 더 받았다. 나도 처음 판매하는 저금통이라 원가는 얼마인지, 얼마에 판매하는지, 얼마나 잘 팔리는 물건인지도 몰랐다. 그분에게 물었더니 "그럼요. 돼지 저금통은 가격도 비싸지 않아서 아주 잘 팔립니다" 하고 말했다. 제일 큰 것은 개당 300원이고 중간 것은 250원, 작은 것은 150원이니 판매도 거기에 맞춰 알아서 받으면 된다고 했다. 그분은 저금통 값으로 10만여 원을 챙기고 이내 차를 몰아 사라졌다. 돼지 저금통 750개의 분량은 엄청나게 많았다. 숫자도 많거니와 그 부피도 많았다. 비좁은 가게 통로가 돼지 저금통으로 가득 찼다. 나는 큰 것 200개는 도매 값으로 주면 얼마가 되고, 멜론 크기의 저금통 200개는 얼마가 되는가를 계산기로 두들겨서 미리 전체 가격을 환산해 두고 있었다. 이내 가게는 복잡해지지 않을 것이기에 오후 2시가 되기를 기다렸다. 지루했던 시간은 2시가 되고 3시가 되고 4시가 되었다. 5시가 되어도 아주머니는 나타나지 않았다. 그때서야 뭔가 이상한 생각이 들었다. 평일도 아닌 추석날 우리 마을에 산다는 낯선 아주머니가 윷놀이를 한다고 저금통을 찾고, 5분도 안 되어 저금통을 실은 자동차가 나타나 돼지 저금통 필요하지 않느냐고 말하고……. '아뿔싸! 사기

당했구나! 세상에 추석날 오전에 돼지 저금통 가지고 장난을 치러 다니다니.' 내가 생각해도 스스로 우습고 또 그 사람들이 불쌍하기도 했다. 그런데 웬일인지 그때부터 신기하게도 장사가 더 잘되는 것이었다. 그 사람들이 돼지 저금통을 팔려고 사기를 친 것이 나에게는 오히려 복이 되어 돌아온 것이다. 돼지 저금통은 쌓아놓을 공간이 없어서 전부 가게 천정에 매달아놓았다. 우리 가게 천정은 전부 돼지 저금통의 공간이 되어버렸다. 750개의 돼지 저금통을 모두 파는 데 15년이 걸렸다.

○

사는 데 여유가 생기니까 마음속 한편에 숨어 있던 다른 일이 수면에 떠올랐다. 사람마다 느끼는 감정의 차이는 있겠지만 도시 생활을 하다 보니 공부를 하지 못한 콤플렉스가 너무나 크게 다가왔던 것이다. 슈퍼를 운영하고 있을 때 박정택 통장이 나를 보고 반장 일을 맡겼는데 초등학교 졸업이 전부인 나는 스스로 반장 일을 맡아서 해낼 자신이 없어 극구 사양했으나 결국 권유에 못 이겨 울산시 신정동 15통 1반 반장을 맡게 되었다. 반장이 하는 일이 특별한 것이 아니라 적십자 회비 수납, 호구조사, 그 밖에 잡다한 일이었는데, 웬걸 간혹 우리 반에 사는 사람들의 인구 조사를 할 때도 서류에 고향과 학력 등을 기재하도록 되어 있어 그놈의 학력은 여기저기 따라다녔다. 옛날에 냈던 회사의 입사 이력서에도, 외국에 가기 위한 지원서에도 어김없이 학력을 기재하게 되어 있어 학력 콤플렉스는 피할 수 없는 운명과도 같았다. 나는 거짓으로 어디 고등학교 졸업이라고 써넣기도 했다. 큰아들이 중학교에 입학하였을 때는 나도 함께 공부해 보겠노라고 아들의 교과서를 펴놓고 혼자 집에서 시도해보기도 했다. 하지만 공부하는 방법을 몰라서 이내 지쳐버렸다.

몇 년 후, 아들이 고등학교 2학년쯤 되었을 때 이번에는 아내가 검정고시 학원에 다니겠다고 했다. 그 당시 생각으로 '그럼 아내는 중고등학교 졸업장을 따는데 나는 초등학교 졸업이라니……' 너무 차이가 나는 것 같아 나도 하겠다고 했더니 그럼 자기는 야간반에서 공부할 테니 나보고는 주간 반에 다니라고 했다. 그날부터 주야간 번갈아 가면서 같이 중학교 과정을 공부했다. 내 나이 40대 초반이었다. 당시 내가 생각하기에 중학교 과정을 졸업하려면 적어도 3년에서 4년 정도 걸릴 것이고 고등학교 과정까지 마치려면 아무리 빨라도 6년에서 7년은 소요될 것으로 생각했다. 왜냐하면 중학교 과정의 공부도 쉽지 않다고 생각했지만, 고등학교 과정의 공부가 너무 어렵게 느껴져서 '과연 내가 중학교 과정이라도 제대로 마칠 수 있을까?' 하는 의구심마저 들었기 때문이었다. 3월부터 시작해 3개월 남짓 공부했을 즈음 다니던 학원에서 중학교 졸업 시험에 응시하라고 했다. 아니! 3년도 아닌 3개월 공부하고선 무슨 졸업 시험을 보라고 하는가 하고 응시하지 않으려고 하니 학원에서 자꾸만 재촉하기에 경험을 쌓아볼 겸 시험에 응시했다. 검정고시 시험은 1년에 두 번 실시했다. 첫 시험은 7월경에 보았는데 아홉 과목 중에 영어를 제외한 여덟 과목은 합격선을 통과했다. 영어는 한 문제를 더 틀려서 36점으로 과락이 되어 시험에 낙방했다. 기쁘기보다는 얼떨떨했다. 4개월 남짓 공부해서 영어 과목 하나 빼고 중학교 졸업 과정을 모두 합격하다니. 아무리 생각해도 믿어지지 않고, 사실 같지도 않았다. 아침 6시부터 밤 12시까지 성업 중인 슈퍼마켓을 운영하면서 공부한다는 것은 그리 쉬운 일이 아니었기 때문이다.

다음날 학원에 가니 선생님이 하시는 말씀이 조춘만 씨는 중학교 과정을 듣지 말고 고등학교 과정을 들으라고 하셨다. 하지만 나는 제대로 중학교 과정을 이해하고 넘어가려면 여기서 더 배워야 된다고 생각했기 때문에 그 반에서 계속 공부를 했다. 다시 6개월이 지난 1월경에 나머지 영어 한 과목을 통과함으로써 나는 고등학교 입학 자격을 얻었다. 이제 어엿하게 중학교 졸업장을 취득하게 된 것이다. 그리고 6개월 후 7월 시험에서 고등학교 졸업자격이자 대학 수능시험 입시 자격을 얻게 된다. 처음 공부를 시작하고 '적어도 6~7년은 걸려야 고등학교 졸업까지 갈 수 있을 것'이라는 예상이 너무나 빗나가버린 것이었다. 예상하지 않은 일이 일어나니 마음에 혼선이 따랐다. 어쨌든 고등학교 졸업장을 취득했으니 이제 본업에 충실해야겠다고 생각했다. 사실 대학이란 나 같은 사람이 갈 수 있는 곳이 아니기도 하거니와 60여 평의 슈퍼를 운영하는 데 소홀히 할 수가 없었기 때문이었다. 그런데 얼떨떨하게 고등학교 과정을 마치고 나니 학원에서는 또다시 수능 시험을 부추겼다. 마음의 갈등은 있었지만 당연히 떨어질 것이라고 생각하고 8월부터 수능 시험을 준비했다. 역시 수능 시험 공부는 고등학교 졸업 과정과는 격이 달랐다. 전에는 어려워도 알아들을 수는 있었으나 한 단계 높아진 수능 시험 공부는 훨씬 강도가 높았다. 수학의 사인, 코사인, 과학의 수소, 산소, CO_2, 언어의 길어진 지문, 알쏭달쏭한 영어 등 아무리 정신을 차리고 들어도 귓전을 맴돌기만 했다. 내용이 알쏭달쏭하니 공부가 되기는커녕 오히려 머리만 복잡해졌다. 석 달의 수능 공부를 마치고 시험에 응시했다. 나의 아킬레스건은 수학이었다. 수학 시험을 치는 내내 잠이 쏟아졌다. 아무리 정신을 차리려고 해도 내용이 이해되지 않으니 잠이 쏟아진 것이다. 밤이 새도록 공부했어도 모자랄 판에 하루에 불과 4시간 공부가 전부였으니 좋은 결과가 나올 리 만무했다. 그래도 수능 시험을 치렀으니 원하는 대학에 응시라도 해보고 싶었다. 40대 중반에 선택하는 대학이라서 과연 어떤 학과를 선택할까 고뇌하던 중 문득 이런 생각을 하게 되었다. '어렵게 인간으로 이 세상에 태어나서 어떻게 하면 내가 가장 행복하고 보람되게 살아갈까'를 생각했고, 고민 끝에 내린 결과는 내가 하고 싶은 것을 하면서 살아가는 것이 가장 행복하고 보람된 삶이라는 결론을 내렸다. 그것은 바로 사진이었다.

그때까지 한눈팔지 않고 열심히 슈퍼를 운영한 탓에 밥은 굶지 않을 것 같았다. 사진은 예전에 중동에 근무할 때 사온 니콘 카메라로 4년 정도 사진 동아리 활동을 하고 있는 것이 전부였다. 지금이라도 내가 하고 싶은 사진을 대학이라는 교육기관에서 배워보고 싶었다. 가고 싶은 대학도 정했다. 늦게 가는 대학이라고 아무 곳이나 가고 싶지는 않았다.

내가 꿈에도 그리는 곳, 그곳이 바로 대구에 있는 경일대학교였다. 수능 시험을 치렀으니 이제는 실기가 걱정되어 사진 학원을 찾아갔다. 학원에서는 시험 응시 한 달 반 정도 남은 시점에서 나를 받아주기 부담스러워했지만 간곡한 부탁에 다니게 해주었다. 한 달 반 동안 열심히 사진 작업을 준비했다. 필름 현상과 인화의 전 과정을 연습하다 보니 하루해가 짧게 느껴졌다. 나는 철거 지역이자 대표적인 공해 마을이었던 울산 부곡동을 배경으로 촬영한 사진을 준비했다. 시험의 결과는 빤한 것이었다. 나는 다시 일상으로 돌아왔다. 그리 섭섭하지도 아쉽지도 않았다. 어차피 내 실력으로는 갈 수 없는 학교였기 때문이었다. 이왕 늦게 대학을 가고자 하는데 한 해가 늦어지면 어떠하리. 어차피 대학을 졸업해서 취업할 것도 아니었다. 오로지 내가 가고 싶은 대학을 가는 게 소원이었던 나는 이번에는 학원에 가지 않고 집에서 EBS 수능 교육 방송을 들으며 공부하기로 마음먹고 카운터 옆에 14인치 TV를 설치했다.

슈퍼의 하루 일과는 정해져 있다. 수천 가지 물건의 재고를 파악해 주문하고, 들어온 물건은 확인 후 진열대에 진열해야 한다. 물건 중에는 전화 주문만으로 해결할 수 없는 것도 있다. 날마다 청과 시장에 들러야 하고 각종 잡화를 위해 잡화상회를 방문해야 한다. 맥주와 소주, 음료 등을 주변식당에, 병원 영안실에 배달도 해야 한다. 배달한 소주병과 음료수 병은 다시 수거, 분리해서 각각의 회사로 실어 보내야 한다. 그러면서 손님에게 물건을 찾아주고 계산하다 보면 어느새 하루가 지나간다.

1년 동안 혼자서 수능 공부를 한다고 했으나 영업하는 틈바구니 속에서 공부를 한다는 게 생각만큼 쉬운 일이 아니었다. 수능 시험 하루 전날 예비 소집에 갔을 때 방송국에서 촬영을 해갔는데 나이가 제일 많은 나를 찍어 나도 모르게 방송에 나가게 되었다. 또다시 경일대학교 사진영상학과를 지망하기 위해 사진 실기 학원을 찾았다. 이번에는 나름대로 철저히 준비한다고 했으나 예비 후보 다섯 번째로 시험에 떨어졌다. 지난번과 달리 실망이 너무 컸다. 더 이상 공부를 계속해서 경일대학교에 들어간다는 생각을 할 수가 없었다. 그래서 대학을 포기하려고 할 때 아내가 자꾸 경주 서라벌대학 사진과에 서류라도 넣어보라고 재촉했다. 합격하더라도 가기 싫으면 안 가면 그만이지 않느냐고 하기에 서류를 넣었는데, 합격 통지서가 왔다. 등록 마감일까지 고민하다가 결국 등록했다. 40여 명의 사진과 학생 중에서 내가 제일 나이가 많았다. 갓 결혼한 아주머니 한 사람 이외에 모두 젊은 학생이었다. 사진을 배우고 싶어서 선택한 대학이라 젊은이들 못지않게 열심히 했다. 대학 생활 2년은 정말 짧게 느껴졌다. 졸업이 다가오자 이제껏 무엇을 배웠는지 머릿속에 남아 있는 것이 없다고 느껴져 졸업 두 달을 앞두고 편입을 준비했다. 예전과 달리 포트폴리오를 철저하게 만들었다. 밀착 열 장과 사진 이미지 열 장을 완벽하게 준비했다. 이제는 구술 면접도 나름 자신이 있었다. 이경홍 교수님, 강위원 교수님 등이 구술 면접 위원으로 나왔었는데 강위원 교수님이 내 이력서를 보고서는 "나이가 많네"라고 하셨다. 원래 56년생인데 한 살 더 많게 적혀 있다고 하니, "55년생이나 56년생이나 그게 그거지" 하셨다.

당연히 떨어진 줄 알았다. 합격 발표 일주일이 너무 길게 느껴졌다. 일주일 뒤 그렇게 가고 싶었던 경일대학교에서 합격 통지서가 날아왔다. 꿈인가 생시인가 확인하고 또 확인했다. 경일대학교의 교육 분위기는 서라벌대학 분위기와는 차원이 달랐다. 학생들이 열성적이고 적극적으로 수업에 참여하는 모습에 많이 긴장되었다. 그렇지만 이곳에서도 열심히 노력한 덕분에 우수한 성적으로 졸업을 하게 되었다. 내가 대학을 다니는 동안 우리 집은 아들과 딸을 포함하여 총 세 명이 대학에 다녔다. 처음 대학에 다닐 때는 슈퍼와 노래 연습장을 함께 운영했는데 보통 새벽 3~6시쯤 일이 끝났다. 2~3일 내내 한잠도 못 자는 날도 허다해 날마다 잠이 부족했다. 커피 세 잔, 콜라 한 캔은 기본으로 마셨지만 수업 시간에 밀려오는 잠을 참을 수 없었다.

학교에 다니면서 나 스스로의 원칙에 충실했다. 신청한 과목은 철저하게 수업을 들었고, 과제는 최선을 다해 빼먹지 않고 해갔으며, 절대로 결석하지 않았다. 그래서 대학 4년 동안 결석을 단 한 번도 하지 않았고, 딱 한 번 10분 지각한 것이 전부였다. 그것도 늘 한 시간 일찍 학교에 도착하도록 출발했지만 울산에서 대구까지 통학하기 때문에 고속도로에서 발생한 교통사고의 영향을 받아 늦은 것이다. 늦은 나이에 학교 다니면서 직장 때문에, 사업 때문에 교수님께 봐달라는 식의 말은 죽어도 하기 싫었다. 학교생활은 생각만큼 쉽지 않았다. 경일대학교에서도 결혼한 사람은 나밖에 없었다. 거의 대부분의 학생들이 아들보다 어렸다. 그러다 보니 학우들과 쉽게 가까워지지 못했다. 가장 힘들었던 것은 수업이나 개인적인 과제가 아니었다. 자주 5~6명씩 조를 편성해서 한 학기의 수업이나 과제를 실시하는 경우가 많았는데 모두가 자기 또래와 함께, 또는 친한 사이끼리 조를 편성해서 내가 끼어들기가 어려웠던 것이다. 그렇다고 나 혼자 과제를 할 수 있는 상황이 아니었다. 이때 나의 사진 인생에서 영원한 귀인을 만나게 된다. 그 귀인은 서울에서 온 이선종이라는 학우였다. 그는 나이가 많은 나를 큰형님이라고 부르자고 학생들에게 제안하고, 그룹으로 조를 만들 때도 늘 나를 끼워주었다. 또 익숙하지 않은 컴퓨터 수업 시간에도 많은 도움을 받았다. 그 도움이 현재까지도 계속되고 있다는 것은 나의 일생에 너무 큰 복을 받은 것과 같다.

대학 교육 4년 중에서 가장 기억에 남는 수업은 이경홍 교수님의 창작 사진 세미나와 사진 미학이었다. 나는 주 전공으로 보도사진을 선택하고 부 전공으로 순수 사진을 선택했다. 주 전공은 주제가 있는 보도사진 20장 이상을 통과하면 되고, 부 전공은 이경홍 교수님의 창작 사진 세미나와 사진 미학으로, 주제와 관계없이 순수 사진 다섯 장만 1년 안에 통과하면 졸업이 되는 것이었다. 주 전공인 보도사진은 6년 넘게 작업을 해왔기에 쉽게 통과되었다. 문제는 부 전공이었다. 순수 사진. 글자 그대로 순수하게 작업하면 '순수 사진'이 아닌가! 그것도 수십 장이 아니라 다섯 장만 통과하면 되는 것이니 아주 수월하게 지나가리라 생각했다. 왜냐하면 사회에서 이런저런 주제 있는 사진도 해보고, 또 단 사진으로 출품해서 입상도 해보았기에 전혀 부담되지 않았기 때문이다. 그런데 웬걸, 수업 첫 시간에 나의 달콤한 꿈은 깨어졌다. 수업은 처음부터 강의식이 아니라 원탁으로 둘러 앉아 진행되었다. 교수님은 수업 첫 시간에 아무 말씀도 않고 들어와서 자리에 앉으시더니 옆에 있는 학생에게 "철학이 뭐냐?"라고 대뜸 질문하셨다. 그런 질문을 전혀 예상하지 못하던 그 학생은 당황해서 대답을 하지 못했다. 교수님은 한 말씀도 않으시고 다음 학생들에게 똑같은 질문만 계속했다. 그러자 재빠른 다음 학생들은 교수님에게 들키지 않게 몰래 핸드폰으로 책상 밑에서 적당한 해답을 찾기도 했다. 나 또한 철학? 철학이 뭐냐? 수없이 되뇌어도 마땅히 대답할 말이 떠오르지 않았다. 드디어 열한 번째로 나에게 질문이 돌아왔다. 맞는 말인지 틀린 말인지 몰라도 그래도 어떤 말이든 대답은 해야 되겠기에 철학이란 '인생, 즉 살아가면서 경험하고 깨달아가는 것'이라고 답했다. 진땀이 났다. 나뿐 아닌 모든 학생들이 완전히 제압당한 첫 시간이었다. 이후 교수님은 한국어와 프랑스어로 수업을 진행했으며 매주 8×10인치 사진 다섯 장을 가져와서 리뷰를 받도록 했다. 나는 이경홍 교수님의 수업에 완전히 매료되었다. 지금껏 경험하지 못한 독특한 방식으로 수업이 진행되었는데 내용은 너무 유익해서 수업 시간이 즐거웠지만 사진은 수업을 따라가지 못했다. 순수 사진 다섯 장, 이 부분이 통과가 안 되는 것이다. 1학기가 끝나는 마지막 주까지, 그러니까 매주 다섯 장씩 들고 가서 열네 번이나 리뷰를 받아도 사진 한 장 통과하지 못했다. 공황 상태에 빠졌다. 순수 사진, 도대체 순수 사진이 뭐냐를

외쳐도 해답은 나오지 않았다. 나는 방학 동안 열심히 해서 기필코 순수 사진 다섯 장을 통과 받으리라 마음먹었다. 부지런히 산과 강, 바다와 도시로 순수 사진을 찾아 돌아다녔다.

여름방학이 끝나고 한 달이 지나가도 결과는 참혹했다. 순수 사진을 계속해야 할지 그만둬야 할지 큰 고민에 빠져 오후에 다리 밑에서 소주 두 병을 마시고 잠들어버렸다. 얼마나 잤는지 눈을 떠보니 어둑어둑 어둠이 깔리고 있었다. 그때 여태껏 보이지 않았던 새로운 시각적 영상이 희미하게 눈앞에 펼쳐졌다. 그토록 순수 사진을 찾아 고뇌하며 떠돌았던 시간들의 응집이 피어나기 시작한 것이다. 나는 재학 중에 개인전을 하기로 하였기에 철거민 사진과 산업 사진을 가지고 이경홍 교수님께 들르니 교수님은 "조춘만 씨 사진은 대학원 수준 이상인데 이번 전시를 순수 사진으로 하는 게 어떠냐?"라고 하셨다. 교수님의 독특한 수업방식과 혹독한 수련으로 나의 사진이 엄청나게 진일보하게 된 것이다. 정말이지 대학 4년 동안 살롱풍의 사진을 버리는 데 시간을 다 보낸 것 같다. 교수님의 수업은 정답이 없으며 끊임없이 노력해서 스스로 자기 사진의 길을 찾아가게 만드는 것 같았다.

전시는 대구의 고토 갤러리와 효성병원 갤러리, 그리고 울산 문화예술회관에서 열렸다. 이 전시를 통해서 또 한 분의 소중한 귀인을 만나게 되었다. 그분은 계원조형대학교 사진학과 교수님이자 이미지 비평가인 이영준 교수님이었다. 나와는 전혀 일면식도 없었고

성함도 모르는 상태였는데, 이선종 씨를 통해 나의
사진집을 전해 받고서 인연이 시작되었다.

졸업 다음해인 2004년에는 서울시립미술관에서
의미 있는 사진전이 열렸다. '다큐먼트'전이었는데
1부는 일제강점기의 기록을, 2부는 일상적인 내용을,
3부는 '다큐멘테이션의 태도들'이라는 주제로 이영준
교수님이 기획했다. 전국의 산업 사진가 일곱 명 중에
내가 포함되었던 것이다. 전시를 한 달 반 남기고
전화가 걸려왔다. 전시될 사진을 미리 점검할 겸
울산에 들리겠다고 했다. 그분을 처음 만났을 때
강직한 인상에 카리스마가 느껴졌다. 나의 사진을
찬찬히 살펴보고는 사진 액자를 다시 만들면 좋겠다고
했다. 나의 사진은 흑백사진인데 액자 역시 검은색이고
액자 속의 마트 색깔은 흰색이었다. 문제는 흰 바탕의
마트를 45도로 자른 절단면이 옅은 아이보리 색이라서
마음에 들지 않는다는 것이었다. 나는 깜짝 놀랐다.
20×24인치 규격의 강렬한 흑백사진 이미지나 마트의
흰색, 액자의 검은 태만 보일 텐데 수백 분의 1밖에
되지 않는, 1~2밀리미터에 불과한 절단면의 색을 보고
있었던 것이다.

다큐먼트 전시는 성황리에 끝이 났다. 다음해인
2005년 쌈지스페이스의 연례 기획전을 이영준
교수님이 맡으면서 나는 또 다시 전시에 참여하게
되었다. 이번에는 처음부터 실수 없이 준비를 철저히
하기로 했다. 사진의 규격, 내용, 톤 등 예비 프린트
리뷰를 거쳐 본 프린트인 100×120센티미터 규격의
사진 열다섯 장을 완벽하게 인화하고, 전시장에
전시할 액자 한 개당 25만 원씩 여덟 개 역시
완벽하게 만들었다. 사진가 이선종 씨와 고민 고민
끝에 액자의 종류와 색을 선택하고 마트를 선택해서
액자를 만들었다. 문제는 전시 하루 전날 밤 설치할
때 일어났다. 나는 그때 하루가 모자라게 공인중개사
시험을 준비하고 있던 중이라 울산에 있었는데 서울
전시장에서 연락이 왔다. 나의 사진을 전시장에서
펼쳐본 이영준 교수님이 사진을 걸 수가 없다는
것이다. 문제는 또다시 사진이 아닌 다른 곳에서
일어났다. 액자와 마트의 색이 사진과 맞지 않는다는
것이었다. 큰일이었다. 지금 당장 서울에 올라갈
수도 없고, 또 서울에 간들 무슨 소용이 있겠는가.
밤 10시 반에 전화가 왔으니 이 시간에 인화해주는
곳도 없고, 또 인화를 한다고 해도 단 몇 시간 만에
액자를 만들 수도 없는 노릇이었다. 낙담하고 있을 때
서울에서 다시 전화가 왔다. 나의 사진 인화 의뢰를
맡았던 포토랜드에서 원래 내가 주문한 크기는
100×120센티미터였는데, 그쪽에서 잘못 들어서
120×145센티미터로 인화해놓은 게 남아 있다는
것이었다. 나는 아침 첫차로 서울에 올라가 사진을
폼보드에 붙이는 방법으로 액자를 만들어 오후
6시까지 무사히 전시장에 내걸었다. 정말 간담이
서늘한 사건이었다.

○

1993년, 내가 처음 사진 촬영을 나간 곳은 울산의
대표적인 공해 마을이자 철거 지역이었던 부곡동이다.
지금은 흔적조차 없어졌지만 사방이 정유와 화학
공장으로 둘러싸인 마을이었다. 1978년도에 나 역시

용접공으로 생활하면서 미래에 좀 더 나은 환경에서 살 수 있을 거라는 꿈을 키워나간 곳이기도 하다. 당시에는 공해가 심하다, 그런 말도 없었고 그저 공단이 가까워서 일하러 가기 좋다는 생각밖에 들지 않았다. 현장에서 돌아오면 따뜻하게 세수할 물도 없는 환경이었지만 비슷한 처지의 사람들이 모여 살아서 마음이 편했던 것 같다.

1990년도에 들어서면서 울산에는 철거 지역이 여러 곳 생겼다. 부곡동과 용연동, 염포동, 장생포 대일마을과 울주군의 이진, 당월, 월봉 등 많은 곳이 산업공해로 인해 철거가 이루어졌다. 대학을 다닐 때까지 6년간 철거 마을을 돌아다니며 촬영했다. 철거 지역에 가서 바로 촬영을 하기란 여간 어려운 것이 아니다. 그들은 나를 무슨 염탐꾼이나 기자로 보아 경계심을 늦추지 않았다. 두어 달 정도를 계속 카메라만 메고 주변을 어슬렁거릴 뿐 촬영은 거의 하지 않았다. 나를 그들과 동질성한 사람으로 인식할 때까지 기다렸던 것이다. 시간이 흐른 뒤 사람들의 경계가 풀리자 그때부터 자연스럽게 촬영을 시작했다. 수십 번 같은 마을을 촬영하러 다니다 보니 마을 사람들과 인사도 하고 술잔도 나누게 되었다. 마을 사람들과 어울려 세상 사는 이야기를 나누며 함께 놀기를 좋아했다. 그러다 보니 주민들을 촬영하는 데 전혀 부담이 없었다. 시간이 흐르면서 어느새 한 집, 한 집 철거가 되어 마을이 텅 비고, 그러다 보니 그곳에는 다시 중공업, 조선, 석유화학 공장 등 산업 시설물들이 들어서게 되었다. 십수 년 전 나도 먹고살기 위해 아침에 눈을 뜨면 늦은 밤까지 일했던 기억들이 엊그제같이 되살아났다. 가까이서 코끼리 다리만 만져보는 장님의 우화가 생각난다. 10여 년 동안 정유 공장, 석유화학, 발전소 등 산업 현장에서 죽어라고 배관 용접만 하느라 스펙터클한 산업 시설물의 위용과 자태가 보이지 않았는데 어느 순간 그것이 미학적인 광경으로 보이기 시작한 것이다. 예술이 무엇인지도 모르면서 용접은 예술이다, 하고 늘 외치며 현장을 떠돌았던 시절에는 보이지 않던 철 구조물들이 사진적 영상으로 다가왔다. 그래! 바로 이것이다. 내가 너희들의 존재를 세상에 알려주리라!

그때까지는 소형 카메라만으로 충분했는데 거대하고 아름답고 멋진 산업 풍경을 담아내려고 하자 부족함이 느껴졌다. 곧바로 4×5인치 대형 카메라를 준비했다. 무게만 8킬로그램이 나가는 스튜디오용 카메라였다. 한 손에는 8킬로그램짜리 카메라를 들고 다른 한 손에는 4킬로그램의 삼각대를, 가방에는 렌즈 다섯 개와 수십 개의 필름 홀더를 담은 무거운 배낭을 메고 촬영에 나섰다. 촬영은 혼자서 나갔다. 철거 지역과 달리 사람을 피하는 것이 이번 촬영의 시작이었다. 한국에서는 누구나 볼 수 있는, 누구에게나 보이는 산업 시설물도 사진으로 촬영하면 문제가 발생한다. 나는 철저히 나를 노출시키지 않는 방법으로 촬영했다. 촬영하러 현장에 나가면 나를 제외한 모든 사람을 감시원으로 생각하고 피해야 했기에 이는 촬영의 큰 어려움으로 다가왔다. 대형 카메라로 화면을 구성하기 위해서는 필히 삼각대를 사용해야 하고 검은 보자기를 뒤집어쓴 채 수평과 수직 그리고 초점을 맞추어야 하기 때문에 사진 한 장을 촬영하는 데 한 시간 이상

소요되기도 한다. 촬영을 위한 최적의 장소와 시간을 찾고, 대형 카메라의 기계적 조작을 처리해야 하는 일은 사진가라면 누구나 감내해야 할 문제지만, 나의 경우는 절대적으로 사람들 눈에 띄지 말아야 한다는 문제를 안고 있었다.

촬영 중에 간혹 이런 일이 발생한다. 좌우 앞뒤를 둘러보고 주변에 아무도 없으면 재빠르게 촬영 위치를 설정해서 삼각대를 세운 다음 4×5인치 대형 카메라를 설치한다. 그런 다음 검은 보자기를 뒤집어쓰고 화면을 구성하고 수평 수직을 맞추는데 갑자기 옆에서 "여기서 뭐하는 거요?"라는 소리가 들려오는 것이다. '들켰구나' 하고 생각하기에 앞서 깜짝 놀라 기절초풍할 뻔한 적이 한두 번이 아니다. 아무도 없는 줄 알았는데 옆에 누가 와서 그런 말을 한다고 생각이나 하겠는가. 나중에 친구가 되었던 철거 마을 주민들과 달리, 검은 보자기를 쓰고 오랫동안 카메라를 조작하다 보니 더러 수상한 사람이나 개 도둑으로 몰려 경찰 조사를 받기도 했다.

전국에 산재한 산업 현장을 촬영하기 시작하면서 나는 철저하게 작업의 일관성을 중요시했다. 사진이 같은 날 같은 시간에 촬영한 느낌을 가지도록 하고 싶었다. 우선 미리 일기예보를 확인해서 맑고 쾌청한 날을 선택하고 장거리 촬영을 갈 경우에는 출발 직전에 다시 한 번 날씨를 확인한다. 날씨라는 것이 늘 변하기 때문에 그렇게 해도 장거리 촬영을 가서 낭패 본 경험이 더러 있다. 때로는 일기예보와 달리 짙은 스모그가 끼어 촬영을 못 하는 경우도 발생한다.

산업 시설물은 거대해서 가까이 가면 일부분밖에 볼 수 없다. 높은 산자락 언덕에서부터 아파트 18층 난간과 건물 옥상, 공장 내부와 자동차 안 등 여러 곳에서 촬영하는데 촬영을 하기 위한 장비와 복장도 남의 눈에 드러나지 않도록 준비한다. 삼각대의 은빛도 검정 테이프로 감고, 옷도 자연과 비슷한 색의 옷을 입었다. 이와 같이 모든 것을 은폐하고 촬영에 임한다. 거대한 산업 현장과 철 구조물들을 제대로 표현하기 위해서 하이 앵글을 많이 구사하고 철 구조물 이외의 산과 구름, 노을, 동물과 식물 등 사진 이미지에 영향을 미치는 자연적 환경은 철저히 배제했다. 철 구조물만으로도 충분히 미학적 표현이 가능하다고 생각했고, 오히려 자연적 환경을 배제하고 인공 환경만을 선택하여 산업 미학을 제대로 표현해보고 싶었기 때문이다.

중공업 현장은 나의 사진 작업에 있어서 아주 매력적인 현장이다. 철 구조물들을 만들어내다 보니 늘 새롭고 다양한 형태의 블록들이 새로이 태어난다. 거대한 규모의 철 구조물은 하나를 만드는 데 1년 넘게 걸리기도 하는데 철 구조물들의 거대한 특성 때문에 노상에서의 작업이 불가피하다. 그 모습을 지켜볼 수 있다는 것은 나로서는 큰 행운이다. 인체의 세포 하나하나가 분열해 나가듯이 철판 한 장, 한 장을 용접해 이어 붙이고 H빔으로 뼈대를 만들고, 배관 조립으로 혈관을 만들고, 전선으로 신경 라인을 만들며, 심장인 엔진을 장착함으로써 새로운 인공적 생명체가 탄생하는 것이다. 아무런 느낌도 감정도 없는 철 조각으로 감성적 생명체를 지닌 철 구조물을 창조하는 광경을 지켜보는 것보다 더 흥분되는 일이 또 어디 있겠는가. 현장에서 일할 당시에는 조형적 측면이나 미적 감각을 전혀 느끼지 못했던 광경이 강산이 두 번 넘게 변한 후에야 예전과 전혀 다른 시각으로 나의 눈에 들어왔고, 또 그것을 가슴으로 받아들일 수 있게 되었다. 촬영은 기록적인 측면뿐만 아니라 기계 구조물들의 조형적 아름다움에도 큰 비중을 두었다. 내가 촬영한 공장이나 배, 그리고 철 구조물은 생명이 끝난 건축물이 아니라 오늘 이 시간까지도 제품을 생산하고 있거나 새로 만들어지고 있는 선박이나 특수 선박 등의 철 구조물들이다. 그중에는 내가 예전에 직접 용접했던 철 구조물도 더러 있다. 정유 공장 하나에 들어 있는 파이프라인은 달나라를 다녀오고도 남을 만큼의 긴 거리를 가진다. 인체의 혈관처럼 얽힌 수십만 킬로미터가 넘는 그 파이프라인 중에서 작은 손가락만 한 라인 하나에 과부하가 걸려도 공장 전체가 동맥경화를 일으키게 되는 것이다. 특히 배관은 각종 내용물이 유통되는 통로의 공간이다. '이 배관 속에는 어떤 내용물이 흘러가고, 이 스팀 배관 라인은 몇 백 킬로그램의 압력을 견디며, 또 저 배관 속에는 몇 십 킬로미터의 속도로 유통되고, 또 저쪽 탱크에는 어떤 내용물이 높은 압력을 견디며 어떤 제품 생산을 위해 인고의 시간을 보낼까?' 이런 생각을 하다 보면 나의 머릿속에는 삭막한 산업 현장이 공상과학 영화같이 끝없는 상상과 의미의 공간으로 확장되어 간다. 나에게 산업의 철 구조물이 살아 숨 쉬는 거대한 생명체로 여겨지는 이유가 바로 여기에 있다.

2013년 서울 서초구의 '갤러리 K'에서 내가 10년 넘게 촬영한 산업 사진들을 모은 '인더스트리 코리아(INDUSTRY KOREA)' 초대전이 열렸다. 이를 시작으로 전주와 울산으로 전시가 이어졌으며 7월에는 극단 '오시모시스'의 초청을 받아 프랑스에 가게 되었다. 프랑스 샬롱 거리극 축제에서 펼쳐진 산업 퍼포먼스 공연 「철의 대성당(Cathedrale d'acier)」에 참여하기 위해서였다. 내가 공연에 참여하게 된 매개체 역시 산업 사진이었다. 지인으로부터 연락이 왔다. 프랑스에서 온 퍼포먼스 예술가가 나를 만나보고 싶어 한다는 것이었다. 그동안 작업한 사진들도 보고 싶다고 하기에 사진집과 포트폴리오를 가지고 조용한 한정식 집에서 그를 만났다. 첫눈에 본 프랑스인 알리는 깡마른 체격에 단단한 체구와 매부리코, 텁수룩한 수염에 초롱초롱 빛나는 눈을 가진 사십대 후반의 장년이었다. 그는 식사가 끝나기도 전에 나의 포트폴리오를 보기 시작했다. 자연스레 예전에 무엇을 했느냐는 질문이 오갔고, 나는 열여덟의 나이에 울산 현대중공업에 입사해 선체 제작과 배관 용접을 했던 이야기를 들려주었다. 갑자기 그의 눈에서 불똥이 튀는 것 같았다. 용접하는 모습을 한번 시연해줄 수 있느냐고 해서 흔쾌히 그의 요구에 응했다. 그는 내가 용접하는 행위를 모두 비디오로 촬영했고 한순간의 호흡도 놓치지 않았다. 그리고 1년 후 알리가 다시 울산에 왔다. 그는 늘 공연에 대해 연구하고 생각하는 사람이었다. 2013년 1월에 여러 번 만나 함께 산업 현장을 시찰했다. 그러는 동안 자연스레 친해졌다. 그는 올해 7월에 공연을 하는데 혹시 프랑스에 와서 산업 현장에서 일하는 퍼포먼스를 같이 공연할 수 있겠냐고 해서 흔쾌히 승낙했다.

2013년 프랑스의 여름은 뜨거웠다. 공연 연습장이자 창고인 알리의 사무실은 350여 평이나 됐다. 셔터를 여는 순간 나는 그 규모에 질려버렸다. 15톤 트럭 한 대와 대규모 트레일러, 그리고 4톤 규모의 화물차가 있었고 창고 안에는 공연 소품인 철제와 대규모 시멘트 덩어리, 10여 개의 컨테이너박스 등이 쌓여 있었다. 모두 합하면 100톤은 훌쩍 넘을 것 같았다. 출입구는 단 하나밖에 없었는데, 공연 연습 중에 시끄럽다고 그 문마저 닫아버려서 창고 안은 완전히 찜통이었다. 선풍기 하나 없고 시원한 물도 없는 곳에서 연습은 계속되었다. 그 밖에도 국가에서 허락해준 오시모시스 전용 공연장 등 여기저기에서 연습을 했다. 하루 12시간의 연습도 예사로 진행됐다. 숙소는 프랑스에 인접한 독일 도시 자르브뤼켄에 있었는데 에어컨은커녕 선풍기도 없고 냉장고도 없는 희한한 호텔이었다. 공연을 이틀 앞두고 우리 일행은 축제의 도시 샬롱으로 갔다. 도착 후 곧바로 짐을 옮기고 공연장으로 갔는데 오시모시스가 공연할 장소는 숀 강가의 넓은 야외 광장이었다. 바닥은 아스팔트였는데 너무나 뜨거운 열기에 아스팔트가 녹아내려 모래를 뿌려야 했다. 35도가 넘는, 구름 한 점 없는 뜨거운 태양 아래에서 공연 연습은 계속되었다. 시원하게 마실 물도 없었다. 공연은 총 3회로, 매일 밤 한 번씩 10시 15분에 시작해 한 시간가량 진행될 예정이었다. 그렇게 고생 끝에 공연 날이 다가왔다. 은근히 걱정이 되었다. 과연 우리 공연을 보러 몇 명이나 올까? 괜히 퍼포먼스를 한다고 한 것이 후회되기도 했다. 이윽고 공연 한 시간 전부터 관객들이 들어오기 시작했다. 공연이 시작될 무렵에는 1400여 명이 몰려들었다. 갑자기 머릿속이 하얗게 텅 비어버렸다. 그동안 연습했던 행위와 동작들이 하나도 생각나지 않았다. 어떻게 시작해서 어떻게 끝이 났는지 몰랐다. 관객들의 기립 박수 소리를 듣고 나서야 안도의 한숨이 나왔다. 그동안의 피로가 한 번에 날아갔다. 3일째 마지막 공연을 마치고 우리는 가벼운 자축 파티를 열었다. 공연은 성공적으로 끝났다.

샬롱 거리극 축제는 프랑스에서 아비뇽 축제 다음으로 큰 행사이다. 공식 초청 공연단만 81개에 이르고 비공식 단체까지 합하면 축제 기간 동안 수백 개의 공연이 열린다. 그러면 오시모시스는 어떤 공연 단체인가. 내가 보아도 오시모시스의 「철의 대성당」은 기획부터 타 단체와는 확연히 달랐다. 수백 개의 참여 단체 중에서 유일하게 철의 산업을 내용으로 한 공연이다. 공연 전부터 연일 신문 1면에 대서특필되었고, 날마다 기자들의 인터뷰가 진행되었다. 「철의 대성당」 내용을 정리하자면 한때 유럽에서 번성했던, 현재는 한국 등 아시아가 주도하는 철강 산업의 역사를 퍼포먼스로 표현하는 것이다. 공연에 참여한 일곱 명 중 특히 금형공으로 일했던 프랑스인 막셀과 조선소를 비롯한 각종 산업 현장에서 배관 용접을 했던 나는 때로는 합작으로, 때로는 개인적으로 자신이 체험한 산업 행위와 철의 세계를 묘사했다. 「철의 대성당」은 알리가 한국의 산업도시 울산에서 영감을 받아 2년 반의 고뇌 끝에 기획, 제작해 무대에 올린 작품이다. 오시모시스의 「철의 대성당」은 한국에서도 과천 거리 축제에 공식 초청되어 2013년 9월 27~28일 성황리에 공연을 마쳤다.

그사이 8월 12일에는 프랑스 해운회사 CMA CGM 소속인 1만 1300티이유 급 컨테이너선 아퀼라 호에 승선해 11일간의 여행길에 올랐다. 길이 363미터, 폭 46미터, 높이 62미터에 이르는 거대한 배였다. 가방을 맨 채 배에 올라타는 데만도 숨이 찼다. 선원이 아닌 일반인이 화물선에 타기 위한 절차는 매우 까다로웠다. 그렇게 간신히 출국 절차를 마치고 브릿지에 올라 바라본 항구 야경은 별천지 같았다. 부두에서는 쉴 새 없이 겐트리 크레인이 움직이고, 컨테이너를 실은 차량들이 분주하게 움직이고 있었다. 이 여행은 내가 찍어왔던 조선소와 배들, 철판 무게만 수만 톤에 이르는 그 거대한 철갑선이 실제로 어떻게 망망대해를 유영하며 항구를 찾아가는지, 인간은 그 기계를 어떻게 다루는지 보고 이해할 수 있는 좋은 기회였다. 지금까지 땅에 뿌리를 내린 나무와 같은 산업 시설들을 보고 느꼈다면, 거대한 동물처럼 살아 움직이는 철의 생명체를 알아가는 시간이었다.

엔진실에 들어가니 10만 마력짜리 주 엔진이 가동되고 있었는데 소음 수준을 넘어 굉음을 내기에 파일럿이 쓰는 헤드셋을 끼고 출입했다. 엔진의 뜨거운 열기는 한증막을 방불케 했으며 주변에는 3000마력짜리 비상 발전기 5~6대가 준비되어 있었다. 4층으로 구성된 엔진실 내부에는 복잡한 파이프라인이 거미줄같이 얽혀 있다. 주 엔진에서 프로펠러까지 동력을 전달하는 직경 80센티미터짜리 회전 축 주변은 진동이 너무 심해서 서 있는 사람까지 덜덜 떨렸다. 컨테이너선 외벽의 철판 두께는 6센티미터나 되고 배의 뒤틀림을 막아주는 철판의 두께는 무려 7.5센티미터나 된다. 이 거대한 화물선은 자랑스럽게도 2009년에 현대중공업이 건조한 것이다. 이 배 한 척을 만들기 위해 아마 수만 명의 노동자들이 땀방울을 흘렸을 것이다. 문득 40년 전 현대중공업에서 배를 조립하던 때가 떠오른다. 한여름 뜨겁게 달구어진 유조선 천정 아래에서의 작업은 견디기 힘든 시간이었다. 뜨거운 열기도 참기 힘들었지만 용접할 때 나온 연기가 배출되지 않아 숨 쉬기 힘들었던 기억이 난다. 아퀼라 호의 배관 라인과 철판들을 보면서 당시 내가 용접했던 블록들도 배의 한 부분에서 자기 역할을 충실히 했을 거라 상상하니 감회가 새롭다.

바다에서는 다음 항구까지 가는 예정 시간마저도 수시로 변경되었다. 부산항을 떠나 중국의 청도 항, 상하이 양산 항을 지나, 얀탄 항과 싱가포르 항까지 가는 동안 단 한 번도 예정된 도착 시간이 지켜지지 않았다. 지키지 않은 게 아니라 지킬 수 없는 환경 때문이었다. 항구에 접안하기 위해서는 각국의 항구 사정에 따라야 하는데 13만 톤짜리 거대한 배도 도선사 한 명이 마중 나오지 않으면 항구로 진입할 수 없고, 항구의 물동량 처리에 따라 지체될 수도 있다. 높은 파도와 태풍은 말할 것도 없었다. 그렇게 거대한 아퀼라 호도 자연 앞에서는 순응해야 하는 것이다. 육지의 공장은 필요에 따라 얼마든지 주변의 도움을 받을 수 있다. 그러나 거친 바다를 항해하는 배는 독립체로서 모든 조건을 갖추어야 운항이 가능하다. 그것은 바다를 헤엄치는 하나의 완벽한 생명체 같았다. 이 특별한 여정은 내가 살아 있는 동안 다시 하기 어려운 경험일 것이다.

1974년, 먹고살기 위해 산업 현장에 뛰어들어 조선소, 발전소, 제철소, 정유 공장, 석유화학, 국내 및 국외 산업 현장에서 최선을 다해 일했던 추억이 아련하게 떠오른다. 고대기를 잡은 손의 작은 미동조차도 용접에 나쁜 영향을 미치기에 용접봉이 다 타들어가도록 나는 가쁜 숨을 참으며 용접을 했다. 힘겨웠지만 되돌아보면 아름답게도 느껴진다. 얽히고설킨 파이프라인과 볼 탱크, 뼈대를 이루는 H빔 등 함께 뒹굴었던 산업 구조물들이 현재를 살고 있는 나를 왜 끌어당기는지, 왜 나를 산업 사진가의 길로 인도하는지 정확히 알 순 없지만 그들이 나의 과거와 현재 삶을 연결해주는 매개체임은 부정할 수 없다. 용접사(鎔接士)는 전문적 기예를 닦은 사람이라는 뜻의 선비 '사(士)'를 쓴다. 그래서 용접 자체가 늘 예술이라는 생각이 일하는 사람들 사이에서 통용됐고 나 역시 그런 생각으로 일했다. 아마도 그 사실이 현재의 내가 산업 구조물에 깊은 애착을 가지게 된 계기가 되었을지도 모른다. 농사꾼의 아들로 태어나 철을 다루고, 산업 사진을 찍고, 철을 대상으로 한 행위 예술에 철로 만든 배를 탐구하는 여행까지…… 나는 지금까지 경험한 모든 산업 시설과 인공적 시설물이 정직하다는 조심스런 결론을 얻었다. 인간들 틈바구니에 존재하는 모든 인공적 시설물은 사람이 조종하는 대로 충실하게 작동하고 움직이며 또 생명을 유지해나간다. 어떻게 보면 애처롭기도 하다. 미래를 내다보는 선견지명이나 장대한 계획보다는 살아오면서 내 앞에 놓인 일들을 열심히 했다. 하나를 이루면 다음 단계가 보이고, 그러면 또 한 단계를 뛰어넘기 위해 끊임없이 노력했다. 철, 사진, 열정, 끈기. 이 단어들이 바로 조춘만 이름 석 자이고 나의 삶 그 자체이다.

조춘만

1956 경상북도 달성군 출생
1974 울산 현대중공업 조선소 입사
1978 포항제철 제3고로 건설 현장에 배관 용접사로 첫발을 내딛음
1980~82 한이석유(현 쌍용정유) 사우디아라비아 EWPS 건설 현장 근무
1983 대림산업 쿠웨이트 서도하 발전소 건설 현장 근무
2003 경일대학교 사진영상학과 보도 및 순수 사진 졸업
2012~현재 울산대학교 평생교육원 사진학 강사

초대 및 개인전
2002 〈Townscape〉, 고토갤러리, 대구 / 문화예술회관, 울산
2013 〈Industry Korea〉, 갤러리 K, 서울 / 서학동갤러리, 전주
2013 〈Industry in the 90's〉, 영상갤러리, 울산
2014 〈Industry Korea〉 사진전 및 사진집 출간, 문화예술회관, 울산

단체전 (선별)
1994 〈개발 그리고 그 이후〉, 문화예술회관, 울산
1995 〈개발 그리고 그 이후 II〉, 문화예술회관, 울산
1997 〈이 땅에 숨 쉬며 남아 있는 것들〉, 문화예술회관, 울산
1998 〈태화강 일백리〉, 문화예술회관, 울산
2000 〈사람들〉, 실내체육관, 경주
2001 〈그리고 또 다른 시작〉, 고토갤러리, 대구
2004 〈다큐먼트〉, 시립미술관, 서울
2005 〈주거환경개량사업〉, 쌈지스페이스, 서울
2006 〈시련과 전진〉, 국회의사당, 서울
2006 한·중 사진 교류전
2007 〈노동자〉, 문화예술회관, 울산
2009 젊은 정신 축제, 한전프라자갤러리, 서울
2010 경남 현대 국제사진 페스티벌, 마산
2011 경남 현대 국제사진 페스티벌, 마산
2011 〈지붕 없는 미술관〉, 울산
2012 경남 현대 국제사진 페스티벌, 마산
2013 〈Industrial Landscape〉, 메이극장, 일본
2013 콜라보 아트 페스티벌, 울산
2013 울산 국제사진 페스티벌, 울산
2013 「철의 대성당」 샬롱 거리극 축제 퍼포먼스, 샬롱, 프랑스
2013 「철의 대성당」, 과천축제 퍼포먼스, 과천
2013 〈근대성의 새발견〉, 문화역서울 284, 서울